近畿圏版⑥ 使いやすい！教えやすい！家庭学習に最適の問題集！

京都教育大学附属
京都小中学校

2023年度版 過去問題集

<問題集の効果的な使い方>

①お子さまの学習を始める前に、まずは保護者の方が「入試問題」の傾向や難しさを確認・把握します。その際、すべての「学習のポイント」にも目を通しましょう。
②入試に必要なさまざまな分野学習を先に行い、基礎学力を養ってください。
③学力の定着が窺えたら「過去問題」にチャレンジ！
④お子さまの得意・苦手が分かったら、さらに分野学習をすすめレベルアップを図りましょう！

必ずおさえたい問題集

京都教育大学附属京都小中学校

図形	Jr・ウォッチャー46「回転図形」
推理	Jr・ウォッチャー33「シーソー」
常識	Jr・ウォッチャー27「理科」、55「理科②」
巧緻性	Jr・ウォッチャー23「切る・貼る・塗る」
口頭試問	新口頭試問・個別テスト問題集

2019～2022年度
過去問題を
掲載
＋
各問題に
アドバイス付!!

●資料提供●
京都幼児教室

ISBN978-4-7761-5450-1
C6037 ¥2300E

日本学習図書 ニチガク

定価　2,530円
（本体2,300円＋税10％）

9784776154501
1926037023005

目指せ！合格！

家庭学習ガイド
京都教育大学附属京都小中学校

ペーパー　巧緻性　制作　口頭試問　行動観察　運動

入試情報

応募者数：非公表
出題形式：ペーパー、ノンペーパー
面　　接：なし
出題領域：ペーパー（巧緻性、言語、図形、推理、常識、数量）、制作、口頭試問、運動、行動観察

入試対策

当校の入試の特徴は出題形式の幅広さです。ペーパーテスト（巧緻性含む）、制作、口頭試問、運動、行動観察、とさまざまな形式で実力が試されます。また、ペーパーテストの出題分野も上記の通り多岐に渡っています。問題の難易度はさほど高くありませんが、頭の切り替えの速さが求められます。日頃の学習から「（解答の）制限時間を守る」「テスト形式の問題集を解く」といった工夫が大切です。
口頭試問では面接形式の課題と折り紙という内容でした。指示や質問にあわせて、きちんと受け答えができるようにしておきましょう。
巧緻性関連ではハサミ使い・絵画が出題されました。運動・行動観察は、「自己の確立した人間を育てる」という学校方針の通り、自主性に観点が置かれています。具体的には、「指示を一度で聞き取る」「ルール、マナーを守れる」といった基準です。付け焼き刃の対策をするのではなく、日頃からそういった点に気を付けて指導するようにしましょう。

●日程は男女で異なります。
●入試は３時間ほどかかります。長時間の試験に対する備えをしてください。
●制作テストでは「後片付け」も観点となっています。「きちんと片付ける」ことを身に付けてください。
●運動テストは待機時の様子も観察されているようです。注意しましょう。

「京都教育大学附属京都小中学校」について

＜合格のためのアドバイス＞

当校は小・中９年間一貫教育で「キャリア教育」を中核に教育を推進し、2010 年度に「京都教育大学附属小中学校」と改称しました。初等部（１～４年）、中等部（５～７年）、高等部（８・９年）の課程は独特のものであり、本校の教育方針をよく理解し、お子さまの適性・将来の進路を考えた上での受験をおすすめします。

考査は、男女別（日程も別）でペーパーテスト（巧緻性含む）、制作、口頭試問、運動テスト、行動観察が実施されます。志願者者は生年月日別（４月２日～９月 30 日、10 月１日～４月１日）に２グループに分けて検査が行われます。また、本年度は、検査が午前中に行われました。検査も長時間に及ぶため、お子さまの体力と気力、精神的自立が必要です。それほど難度は高くありませんが、出題分野は幅広く、総合的な学力が問われると言えるでしょう。その中で、「普通のことが普通にできること」「指示を一度で理解し、行動に移せること」「ルール、マナーを守れること」「生活常識、道徳が身に付いていること」など、小学校受験では普遍的なテーマが問われています。当校受験のための特別な対策をとるというよりは、日常生活の中で躾を含めた学びを実践していくことが重要でしょう。

口頭試問は、１対１で行われます。答えがわかっていても、緊張から答えられないというお子さまもいるようです。初対面の人とも話せるようにふだんの生活の中でそういった機会を作り、自然にコミュニケーションがとれるように保護者の方は工夫をしてください。

〈2022 年度選考〉

◆ペーパーテスト
◆制作
◆口頭試問
◆運動
◆行動観察

◇過去の応募状況

2022 年度　男子 185 名　女子 155 名
2021 年度　非公表
2020 年度　非公表

入試のチェックポイント

◇受験番号は…「受付証明書提示順」
◇生まれ月の考慮…「あり」

〈本書掲載分以外の過去問題〉

◆見る記憶：見せた絵にあったものを選ぶ。[2017 年度]
◆常識：仲間外れの絵を選ぶ。[2017 年度]
◆図形：絵を重ねて正しい形を選ぶ。[2017 年度]
◆常識：絵を時間の流れに沿って並べる。[2017 年度]
◆図形：絵を○回、転がした時の形を選ぶ。[2017 年度]
◆言語：絵を並べてしりとりをする。[2016 年度]
◆常識：絵を見て太陽の出ている方向を考える。[2016 年度]
◆常識：シーソーを使って一番重いものを見つける。[2016 年度]

京都府版
国立小学校
過去問題集

〈はじめに〉

現在、少子化が叫ばれているにもかかわらず、私立・国立小学校の入学試験には一定の応募数があります。入試は、ただやみくもに学習するだけでは成果を得ることはできません。志望校の過去における出題傾向を研究・把握した上で、練習を進めていくこと、その上で試験までに志願者の不得意分野を克服していくことが必須条件です。そこで、本問題集は小学校を受験される方々に、志望校の出題傾向をより詳しく知って頂くために、過去に遡り出題頻度の高い問題を結集いたしました。最新のデータを含む精選された過去問題集で実力をお付けください。

また、志望校の選択には弊社発行の「2023年度版　近畿圏・愛知県　国立・私立小学校　進学のてびき」をぜひ参考になさってください。

〈本書ご使用方法〉

◆出題者は出題前に一度問題を通読し、出題内容などを把握した上で、〈 準 備 〉の欄に表記してあるものを用意してから始めてください。
◆お子さまに絵の頁を渡し、出題者が問題文を読む形式で出題してください。問題を読んだ後で、絵の頁を渡す問題もありますのでご注意ください。
◆「分野」は、問題の分野を表しています。弊社の問題集の分野に対応していますので、復習の際の目安にお役立てください。
◆一部の描画や工作、常識等の問題については、解答が省略されているものがあります。お子さまの答えが成り立つか、出題者が各自でご判断ください。
◆〈 時 間 〉につきましては、目安とお考えください。
◆解答右端の［〇年度］は、問題の出題年度です。［2022年度］は、「2021年度の秋から冬にかけて行われた2022年度入学志望者向けの考査で出題された問題」という意味です。
◆学習のポイントは、指導の際にご参考にしてください。
◆【おすすめ問題集】は各問題の基礎力養成や実力アップにご使用ください。

〈本書ご使用にあたっての注意点〉

◆文中に **この問題の絵は縦に使用してください。** と記載してある問題の絵は縦にしてお使いください。
◆〈 準 備 〉の欄で、クレヨンと表記してある場合は12色程度のものを、画用紙と表記してある場合は白い画用紙をご用意ください。
◆文中に **この問題の絵はありません。** と記載してある問題には絵の頁がありませんので、ご注意ください。なお、問題の絵の右上にある番号が連番でなくても、中央下の頁番号が連番の場合は落丁ではありません。
下記一覧表の●が付いている問題は絵がありません。

問題1	問題2	問題3	問題4	問題5	問題6	問題7	問題8	問題9	問題10
問題11	問題12	問題13	問題14	問題15	問題16	問題17	問題18	問題19	問題20
問題21	問題22	問題23	問題24	問題25	問題26	問題27	問題28	問題29	問題30
			●						
問題31	問題32	問題33	問題34	問題35	問題36	問題37	問題38	問題39	問題40
				●		●			
問題41	問題42	問題43	問題44						

(得) 先輩ママたちの声！

◆実際に受験をされた方からのアドバイスです。
ぜひ参考にしてください。

京都教育大学附属京都小中学校

・試験は約３時間という長時間に及ぶので、体力・集中力を持続させることが何より大切です。ふだんから身体を動かし、規則正しい生活を心がけました。

・子どもが試験を受けている間、保護者はランチルームで待機します。待機中、校長先生と副校長先生から小学校での取り組み・検定に関しての注意事項などのお話がありました。

・出題分野は非常に多いです。不得意な分野を作らないように気を配りました。ペーパー対策だけでなく、生活体験から学べる環境を作るよう努力しました。

・受験をしたことで、親子の絆が深くなりました。テストの結果以上のものを得られたように思います。子どもも精一杯がんばってくれました。

※問題を始める前に、本文１頁の「本書ご使用方法」「ご使用にあたっての注意点」をご覧ください。
※本校の考査は、色鉛筆を使用します。間違えた場合、訂正印は「×」を書くよう指導してください。

2022年度の最新問題

問題１　分野：数量（同数発見）

〈準備〉　青色鉛筆

〈問題〉　左側の絵の数と同じ数のものを右側から見つけて、○をつけましょう。

〈時間〉　１分30秒

問題２　分野：推理（座標の移動）

〈準備〉　青色鉛筆

〈問題〉　**この問題の絵は縦に使用してください。**
黒い矢印からスタートして、１番上の四角のお約束のように進みます。①②は、白い矢印のゴールまで、線を引いてください。③④は、白い矢印のゴールまで線を引きますが、途中にある太い線の四角の中には、当てはまるお約束の印を書いてください。

〈時間〉　各30秒

問題３　分野：巧緻性（運筆）

〈準備〉　青色鉛筆

〈問題〉　○から□まで、灰色の部分をはみ出さないように、丁寧に線を引きましょう。

〈時間〉　１分

問題4　分野：指示の聞き取り（男子）

〈準 備〉　青色鉛筆

〈問 題〉　今から、口頭で指示を出します。言ったとおりに書いてください。
・さくらんぼの絵のところに、大きな□を１つ書き、□の中に△を横に３つ並べて書き、そのうち１つの△を塗りましょう。
・みかんの絵のところに、大きな□を１つ書き、その□の上に小さな○を１つ、□の下に小さな□を１つ書きましょう。
・ぶどうの絵のところに、縦に○を５つ書いて、一番上の○の左に□を１つ、一番下の○の右に△を２つ書きましょう。

〈時 間〉　各30秒

問題5　分野：指示の聞き取り（女子）

〈準 備〉　青色鉛筆

〈問 題〉　今から、口頭で指示を出します。言ったとおりに書いてください。
・さくらんぼの絵のところに、大きな○を１つ書き、○の中に□を横に３つ並べて書き、そのうち２つの□を塗りましょう。
・みかんの絵のところに、□を１つ書き、その上に△をくっつけて書きましょう。
・ぶどうの絵のところに、横に□を５つ書いて、一番左の□の上に△を１つ、一番右の□の下に□を２つ書きましょう。

〈時 間〉　各30秒

問題6　分野：知識（季節・常識）

〈準 備〉　青色鉛筆

〈問 題〉　①（６－１を渡して）同じ季節のものを見つけて、○をつけましょう。
②（６－２を渡して）左の料理と関係のあるものを、線でつなぎましょう。

〈時 間〉　各30秒

問題7　分野：図形（鏡図形）

〈準 備〉　青色鉛筆

〈問 題〉　左の絵を、鏡に映します。鏡に映した時に見える絵を、右側に書きましょう。

〈時 間〉　２分

家庭学習のコツ①　「先輩ママのアドバイス」を読みましょう！

本書冒頭の「先輩ママのアドバイス」には、実際に試験を経験された方の貴重なお話が掲載されています。対策学習への取り組み方だけでなく、試験場の雰囲気や会場での過ごし方、お子さまの健康管理、家庭学習の方法など、さまざまなことがらについてのアドバイスもあります。先輩ママの体験談、アドバイスに学び、ステップアップを図りましょう！

問題8　分野：言語（しりとり）

〈準備〉　青色鉛筆

〈問題〉　**この問題の絵は縦に使用してください。**
絵でしりとりをします。しりとりをして並べ替えた時、音が２つのものには○、３つのものには△、４つのものには□、５つのものには●を、下の□に書きましょう。絵は１つ使わないものが混ざっており、しりとりの始まりになる言葉の記号はあらかじめ書かれています。

〈時間〉　２分

問題9　分野：巧緻性（制作）

〈準備〉　はさみ・青色鉛筆・Ａ４サイズの白い紙

〈問題〉　①線をはみ出さないように、はさみで星まで切りましょう。途中、●の部分では、紙の向きを変えましょう。切り終わったら、はさみを片付け、切ったプリントを元のように戻して、静かに待ちましょう。（左利きのお子さまには、９－２の用紙を渡してください。）
②白い紙に、鉛筆で自由に絵を描きましょう。いっぱいになった場合、裏に描いてください。

〈時間〉　適宜

問題10　分野：口頭試問（女子）

〈準備〉　結び目が作れる紐

〈問題〉　①遊び道具がないときに、どうやって遊びますか。
②（10－１を見せながら）この絵を見て、どう思いますか。沢山言ってください。
③（紐と10－２を渡して）この紐の両端を、見本の絵のように結びましょう。出来たら先生に渡してください。途中でも「やめ」と言われたら、先生に渡してください。

〈時間〉　適宜

問題11　分野：口頭試問（男子）

〈準備〉　弁当箱、ナフキン

〈問題〉　①（11－１を見せながら）この絵を見て、どう思いますか。沢山言ってください。
②（11－２を見せながら）これらのものを使って、どうやって遊びたいですか。
③（弁当箱とナフキン、11－３を渡して）見本の絵のように、ナフキンでお弁当を包んでください。途中でも「やめ」と言われたら、先生に渡してください。

〈時間〉　適宜

問題12　分野：行動観察（運動・集団行動）

〈準　備〉　箱に入ったドミノ（適量）、ボール（１個）、リング（２個）かご

〈問　題〉　①３～４人１組、３グループでドミノ作りをします。まず、ドミノをグループごとに並べます。並べている途中でドミノが倒れても、気にしないでそこから作ってください。終わりの合図で、並べるのをやめて、グループの誰かがドミノを倒してください。倒したら、ドミノが入っていた箱に戻して片付けてください。

②**この問題は絵を参考にしてください。**
これから2チームで競争をします。一番最初の人は、リングに入って待っていてください。合図が鳴ったら、まず先生がボールを投げるので、キャッチしてください。キャッチしたら、ボールを持ったまま、ケンパ・ケンパ・ケンケンパをします。前の人がケンパをし始めたら、次の人はリングに入って待っていてください。
ケンパが終わったところでボールをかごに向かって投げてください。ボールがかごに入ったら、ボールを拾ってリングのところまで行き、先生がしたように次の人にボールを投げてください。かごに入らなかったら、あと一回だけ投げて、それでも入らなかった場合は、ボールを持ってリングのところまで行き、次の人にボールを投げてください。
終わったら、ベンチに座って待ちましょう。最後の人は、先生にボールを投げてください。早く全員がベンチに着いたチームが勝ちとなります。

〈時　間〉　適宜

家庭学習のコツ②　**「家庭学習ガイド」はママの味方！**

問題演習を始める前に、試験の概要をまとめた「家庭学習ガイド（本書カラーページに掲載）」を読みましょう。「家庭学習ガイド」には、応募者数や試験課目の詳細のほか、学習を進める上で重要な情報が掲載されています。それらの情報で入試の傾向をつかみ、学習の方針を立ててから、対策学習を始めてください。

2021年度以前の過去問題

問題13　分野：巧緻性（運筆）

〈準備〉　青色鉛筆

〈問題〉　それぞれの絵を、線からはみ出さないように色を塗ってください。

〈時間〉　１分30秒

[2021年度出題]

問題14　分野：数量（数える）

〈準備〉　青色鉛筆

〈問題〉　**この問題の絵は縦に使用してください。**
真ん中の四角に書いてあるものと全く同じものを、左の四角から数えて、右の四角にその数だけ○を書いてください。

〈時間〉　各10秒

[2021年度出題]

問題15　分野：推理（座標の移動）

〈準備〉　青色鉛筆

〈問題〉　太線の丸の中に描いてある生きものが、それぞれ矢印の方向に、矢印の数ずつ進みます。どこで出会いますか。○をつけてください。

〈時間〉　各20秒

[2021年度出題]

問題16　分野：お話の記憶（男子）

〈準備〉　青色鉛筆

〈問題〉　お母さんとはるさんは、スーパーへ買い物に行きました。今日は晩ごはんにカレーを作るので、カレーのルーとジャガイモとニンジン、タマネギ、リンゴを買いました。買い物をしている途中に友だちに会いました。友達はお菓子とバナナを買っていました。
①はるさんの今日の晩ごはんは、何ですか。○をつけてください。
②お友だちは、何を買っていましたか。○をつけてください。
③はるさんは、何を買いましたか。○をつけてください。

〈時間〉　各15秒

[2021年度出題]

問題17　分野：お話の記憶（女子）

〈準備〉　青色鉛筆

〈問題〉　たかし君は、友だちと公園へ遊びに行きました。はじめにブランコ、次にシーソーで遊びました。その後、たかし君はおやつにアメとドーナツを食べました。おやつを食べた後、たかし君は友だちと一緒に、砂場で山を作って遊びました。たかし君は、シーソーが、友だちは砂場で遊ぶのが気に入りました。
①たかし君と友だちが遊ばなかったものはどれですか。○をつけてください。
②たかし君はおやつで何を食べましたか。○をつけてください。
③友だちが気に入った遊びは何ですか。○をつけてください。

〈時間〉　各15秒

[2021年度出題]

問題18　分野：複合（常識・推理）

〈準備〉　青色鉛筆

〈問題〉　**この問題の絵は縦に使用してください。**
空いている四角に入るものを、右の絵から選んで、○をつけてください。

〈時間〉　各15秒

[2021年度出題]

問題19　分野：推理（置き換え）

〈準備〉　青色鉛筆

〈問題〉　**この問題の絵は縦に使用してください。**
上の段に書いてあるのは、お約束です。左の四角に書いてあるものが、右の四角のように変わります。それぞれの段の左の四角のものは、どのように変わりますか。右の四角に書いてください。

〈時間〉　各30秒

[2021年度出題]

問題20　分野：推理（座標の移動）

〈準備〉　青色鉛筆

〈問題〉　**この問題の絵は縦に使用してください。**
黒い矢印からスタートして、１番上の四角のお約束のように進みます。①②は、白い矢印のゴールまで、線を引いてください。③④では、白い矢印のゴールまで線を引きますが、途中太い線の四角の中には、当てはまる印を書いてください。

〈時間〉　各30秒

[2021年度出題]

問題21　分野：知識（理科）

〈準備〉　青色鉛筆

〈問題〉　**この問題の絵は縦に使用してください。**
①②③
コップに水が入っています。絵に描いてあるように絵の具を溶かした時、２番目に色が濃くなるのはどれでしょう。それぞれの段で答えてください。
④⑤⑥
コップに水が入っています。絵に描いてあるように砂糖を溶かした時、２番目に甘くなるのはどれでしょう。それぞれの段で答えてください。

〈時間〉　各20秒

[2021年度出題]

問題22　分野：巧緻性（運筆）

〈準備〉　青色鉛筆

〈問題〉　○から△まで線を引いてください。その時、他の絵と同じ場所を通る線の引き方をしてはいけません。また、線が中や外の四角にあたってはいけません。

〈時間〉　30秒

[2021年度出題]

問題23　分野：巧緻性（制作）

〈準備〉　青色鉛筆、Ａ４サイズの紙

〈問題〉　①上の○から、下の○まで、線にぶつからないようにちぎって、２枚にしてください。
②自由に絵を描いてください。描くところがなくなったら、裏に描いてもいいです。

〈時間〉　適宜

[2021年度出題]

家庭学習のコツ③　**効果的な学習方法～問題集を通読する**

過去問題集を始めるにあたり、いきなり問題に取り組んではいませんか？　それでは本書を有効活用しているとは言えません。まず、保護者の方が、すべてを一通り読み、当校の傾向、ポイント、問題のアドバイスを頭に入れてください。そうすることにより、保護者の方の指導力がアップします。また、日常生活のさまざまなことから、保護者の方自身が「作問」することができるようになっていきます。

問題24　分野：複合（巧緻性・口頭試問）

〈準備〉　おはじき（８個）、ピンポン玉（４個）、皿（２枚）、箸

〈問題〉　**この問題の絵はありません。**

（口頭試問・男子）

・知っているトリを、３つ言ってください。その中で、どのトリが一番好きですか。それはどうしてですか。

・今からするお話を、同じように言ってください。

「キツネが３匹、山に行ってブドウをとり、肩を組んで楽しそうに帰ってきました」

（箸使い・男子）

・お皿に入っているおはじきを、「やめ」の合図まで、できるだけたくさん、別のお皿に箸で移してください。

・どうすればもっと上手くできると思いますか。

（口頭試問・女子）

・知っている乗り物を、３つ言ってください。その中で、どの乗り物が１番好きですか。それはどうしてですか。

・今からするお話を、同じように言ってください。

「キツネが３匹、山に行ってブドウを採り、肩を組んで楽しそうに帰ってきました」

（箸使い・女子）

・お皿に入っているピンポン玉を、「やめ」の合図まで、できるだけたくさん、別のお皿に箸で移してください。

・どうすればもっと上手くできると思いますか。

〈時間〉　適宜

［2021年度出題］

問題25　分野：行動観察（運動）

〈準備〉　ボール（適量）、かご（４個）、マット

〈問題〉　**この問題は絵を参考にしてください。**

（男子）

①３人１組、２グループで玉入れをします。マットの上から、自分のチームのカゴに、ボールを投げて入れてください。投げ方は自由です。ボールは後ろのカゴから、１人２個取ってきましょう。「始め」の合図でボールを投げて、投げ終わったら、また後ろのカゴからボールを持ってきて投げてください。床に落ちているボールは拾わないでください。これを、「やめ」と言われるまで続けてください。

（結果発表の後）

落ちているボールを箱に戻してください。戻し終わったら、最初に座っていた場所に戻って、三角座りをして待っていてください。

（女子）

②これから曲（ちびまる子ちゃん「踊るポンポコリン」）に合わせて踊ります。まずは、テレビモニターでお手本を見ましょう。次に、テレビモニターを見ながら、お手本の通りに踊ってください。踊る時は四角のマットの中で踊ってください。待つ人は後ろを向いて三角座りをして待っていてください。

〈時間〉　適宜

［2021年度出題］

問題26　分野：行動観察（集団行動）

〈準備〉　青色鉛筆

〈問題〉　この問題は絵を参考にしてください。
この問題の絵は縦に使用してください。
（４人グループで）
今から磁石でお家を作ります。お手本を見ながら作っても、自由に作っても、どちらでもよいです。グループでどのようなお家を作るか相談して、決まったら、白い板に磁石をつけて、作り始めてください。「やめてください」と言われたら、磁石を入っていたかごに片付けてください。片付けが終わったら、始めに座っていた場所に戻り、三角座りをして待っていてください。

〈時間〉　15分

[2021年度出題]

問題27　分野：巧緻性（塗る）

〈準備〉　青色鉛筆

〈問題〉　それぞれの絵の１番中にある線からはみ出さないように色を塗ってください。

〈時間〉　１分30秒

[2020年度出題]

問題28　分野：言語（しりとり）

〈準備〉　青色鉛筆

〈問題〉　それぞれの四角の中の絵でしりとりをした時に、つながらないものはどれでしょうか。選んで○をつけてください。

〈時間〉　各30秒

[2020年度出題]

問題29　分野：図形（模写・座標）

〈準備〉　青色鉛筆

〈問題〉　この問題の絵は縦に使用してください。
左の形と同じになるように、右の形に印を書いてください。

〈時間〉　各１分

[2020年度出題]

問題30　分野：図形（合成）

〈準備〉　青色鉛筆

〈問題〉　左の形を作るのに必要な形はどれでしょうか。右の四角の中から３つ選んで○をつけてください。

〈時間〉　各30秒

［2020年度出題］

問題31　分野：推理（シーソー）

〈準備〉　青色鉛筆

〈問題〉　上の見本のように釣り合っている時、下の？の四角の中にいくつ△が入れば釣り合うでしょうか。その数の分だけ１番下にある△に色を塗ってください。

〈時間〉　各１分30秒

［2020年度出題］

問題32　分野：図形（回転図形・模写）

〈準備〉　青色鉛筆

〈問題〉　上の段の見本を見てください。右の形は、左の形を回した時の形です。下の段の黒丸のついた線が右の四角のところまで回った時、どんな形になるでしょうか。右の四角に書いてください。

〈時間〉　各１分

［2020年度出題］

問題33　分野：常識（理科）

〈準備〉　青色鉛筆

〈問題〉　左のくだものや野菜を切った時の正しい切り口はどれでしょうか。右の四角の中から選んで○をつけてください。

〈時間〉　各15秒

［2020年度出題］

問題34　分野：巧緻性（切る、塗る）

〈準備〉　①ハサミ　②青色鉛筆、Ｂ４サイズの画用紙

〈問題〉　①ハサミで３本の線を切ってください。その時、上の太い線からはみ出さないようにしましょう。
②自由に絵を描いてください。

〈時間〉　適宜

［2020年度出題］

問題35　分野：口頭試問

〈準備〉　折り紙

〈問題〉　**この問題の絵はありません。**
（３～６人のグループで行う）
【面接形式】
「好きなお手伝いを教えてください」
「好きな食べものは何ですか」
「好きな遊びは何ですか」
※言える人は手を挙げてくださいと言われる場合と、１人ひとり回答させる場合がある。回答の後に「それはどうしてですか」という質問がある。
【折り紙】
①先生と同じように折り紙を折ってください（折り紙を半分に折って、また半分に折る）。
②（質問）折り紙で何を折るのが好きですか。
③それでは、今言った折り紙を折ってください。
④最後に元気よく挨拶をして教室を出ましょう。折り紙は緑のかごに入れてください。

〈時間〉　適宜

［2020年度出題］

問題36　分野：行動観察（運動）

〈準備〉　マット、平均台、踏み台

〈問題〉　**この問題は絵を参考にしてください。**
①（タブレットで見本を見せる）
このように、マットの上ででんぐり返しをしてください。終わったら元のところに戻って座ってください。
②マットの上でケンパ・ケンパ・ケンケンパーをして、最後に好きなポーズをとってください。終わったら元のところに戻って座ってください。
③落ちないように平均台を渡ってください。終わったら元のところに戻って座ってください。
④（タブレットで見本を見せる）
このように、リズムに合わせて階段ゲームをしましょう。終わったら元のところに戻って座ってください。
※「チーン・カン・カン・カン、チーン・カン・カン・カン」のリズム。

〈時間〉　適宜

［2020年度出題］

問題37　分野：行動観察（自由遊び）

〈準備〉　ボウリングのボールとピン（10本、ペットボトルでもよい）、紙コップ（10個程度）、ゴムボール、かご

〈問題〉　**この問題の絵はありません。**
ここにある、玉入れ、ボウリング、紙コップ積みのどれで遊んでもいいです。ケンカしないで仲良く遊びましょう。遊び終わったら必ず片付けてください。「やめ」の合図があったら遊びをやめて、みんなで協力して片付けをしましょう。

〈時間〉　15分

［2020年度出題］

問題38　分野：お話の記憶

〈準備〉　青色鉛筆

〈問題〉　お話を聞いて後の質問に答えてください。

今日は日曜日。さくらさんはお兄さんと２人で、近所の海に自転車で遊びに行きました。お母さんが作ってくれたお弁当と、黒い浮き輪と、星が描いてあるビーチサンダルを持って出かけました。２人は海に着くと、さっそく泳いだり水遊びをしたりしました。お昼になっておなかが空いたので、レジャーシートを広げてお弁当を食べることにしました。お兄さんのお弁当は焼き魚とキンピラ、さくらさんのお弁当は大好きなサンドイッチでした。お兄さんは焼き魚とキンピラを口いっぱいに頬張りながら、「外で食べると、家で食べるよりももっと美味しいね」と言いました。さくらさんもうれしくて、サンドイッチを3つも食べました。おなかがいっぱいになったさくらさんは、「浜辺の砂で何かを作ろうよ」とお兄さんに言いました。２人でたくさん砂を集めながら、お城にしようか、船にしようか、それとも山にしようかと相談しました。そして出来上がったのは大きな大きな山でした。さくらさんとお兄さんは、「大きいな」「かっこいいね」と言って喜んでいましたが、突然、ザブーンと高い波がやってきて、山はあっという間に崩れてしまいました。「あ～あ、せっかく作ったのに」と、さくらさんはがっかりしました。お兄さんも、「あ～あ、崩れちゃった」と残念そうに言いました。「でも、今日は楽しかったなあ」と２人で笑ってから、来た時と同じ乗りもので家に帰りました。

①お話と同じ季節のものに○をつけてください。
②２人が持っていた浮き輪とビーチサンダルはどれですか。○をつけてください。
③２人は砂浜で何を作りましたか。○をつけてください。
④お兄さんはお昼ごはんの時に何を食べましたか。○をつけてください。
⑤キンピラを作る時によく入れる野菜はどれですか。○をつけてください。
⑥さくらさんはサンドイッチをいくつ食べましたか。その数だけ○をつけてください。
⑦２人が帰りに乗ったものはどれですか。○をつけてください。

〈時間〉　各15秒

［2019年度出題］

問題39　分野：常識（昔話）

〈準 備〉　青色鉛筆

〈問 題〉　左のお話に出てくるものはどれですか。２つ見つけて、○をつけてください。

〈時 間〉　各15秒

［2019年度出題］

問題40　分野：推理（ひもの数）

〈準 備〉　青色鉛筆

〈問 題〉　**この問題の絵は縦に使用してください。**
ひもを線のところで切った時、ひもの数が一番多くなるものはどれですか。○をつけてください。

〈時 間〉　各15秒

［2019年度出題］

問題41　分野：図形（図形の構成）

〈準 備〉　青色鉛筆

〈問 題〉　**この問題の絵は縦に使用してください。**
左の線をすべて使って形を作ります。右から選んで○をつけてください。

〈時 間〉　各20秒

［2019年度出題］

☆附属京都小中学校

問題１

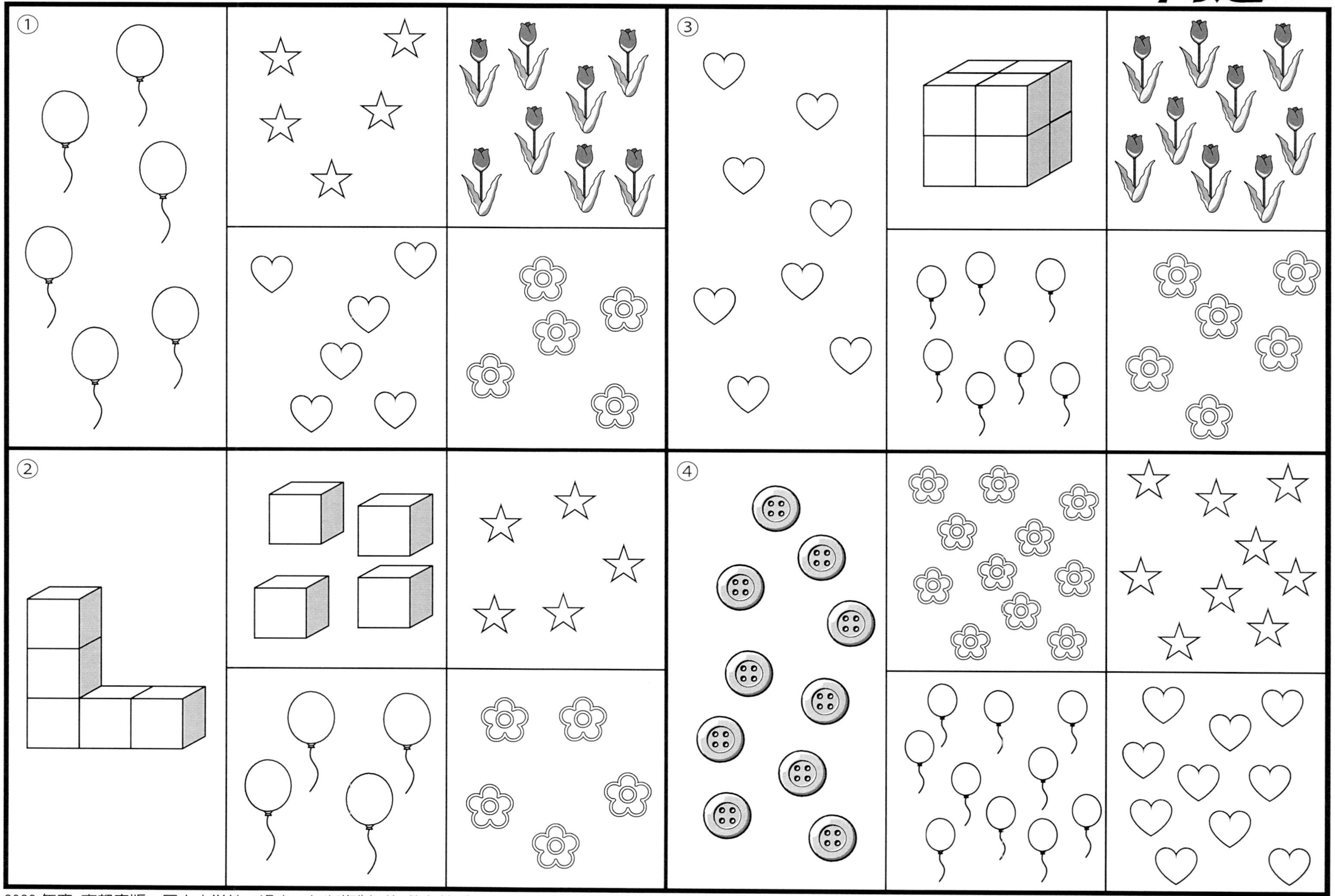

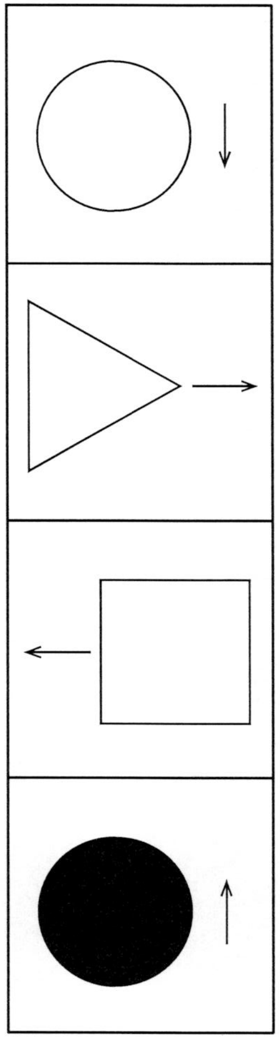

①

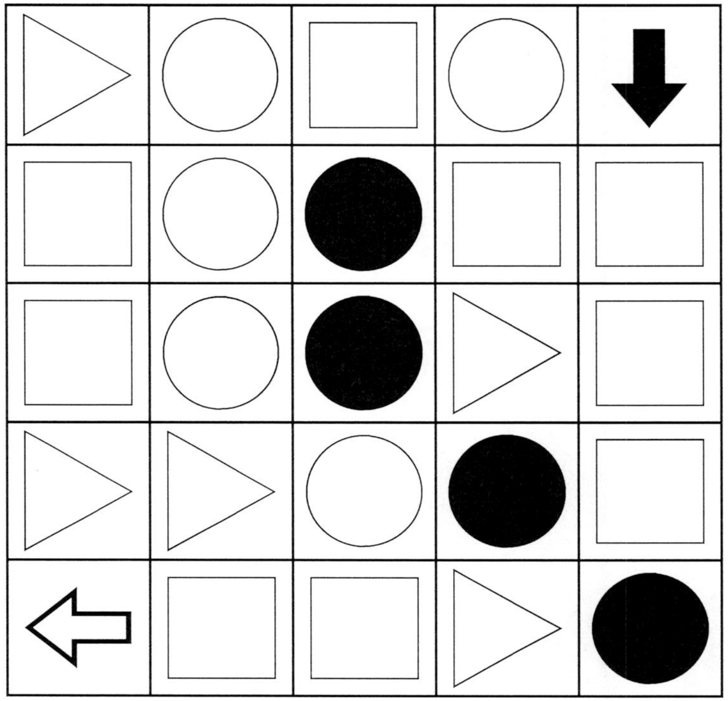

②

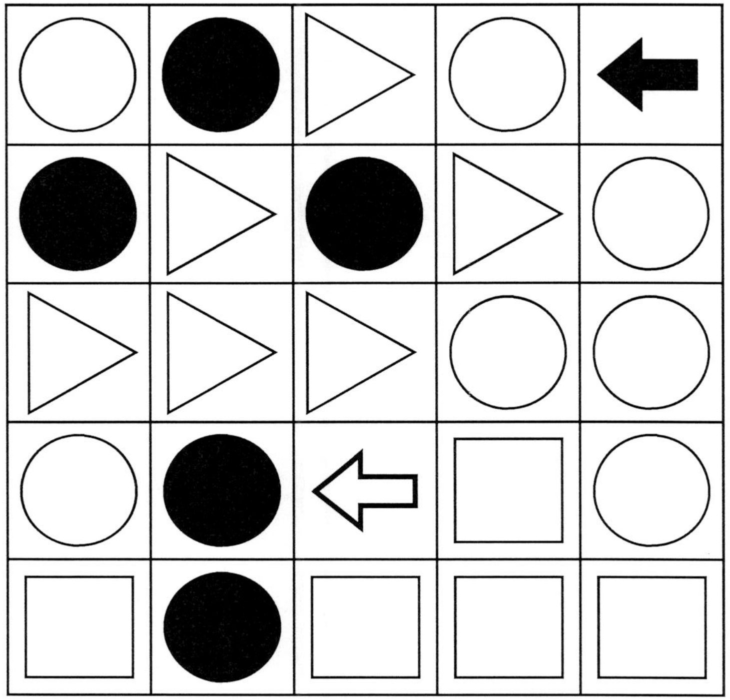

問題 2 − 2

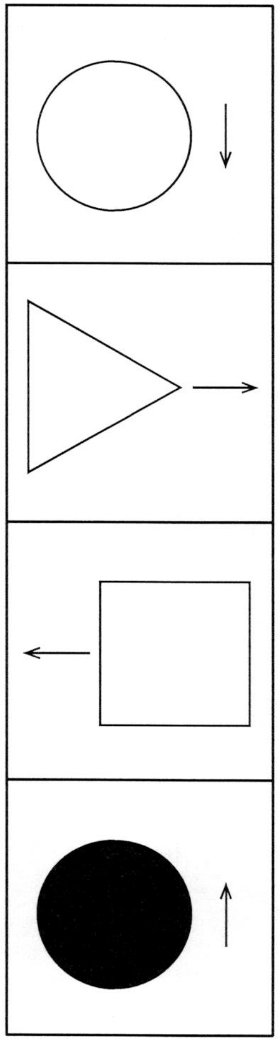

③

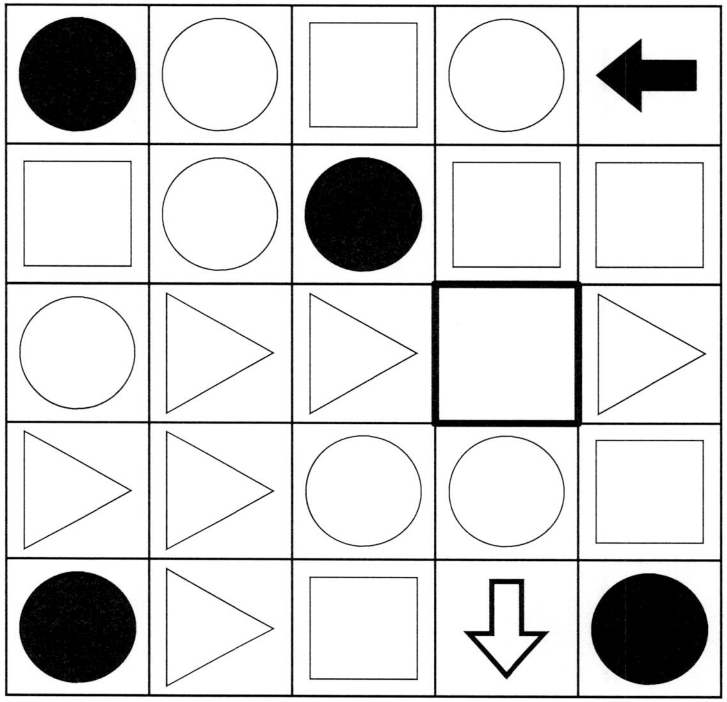

④

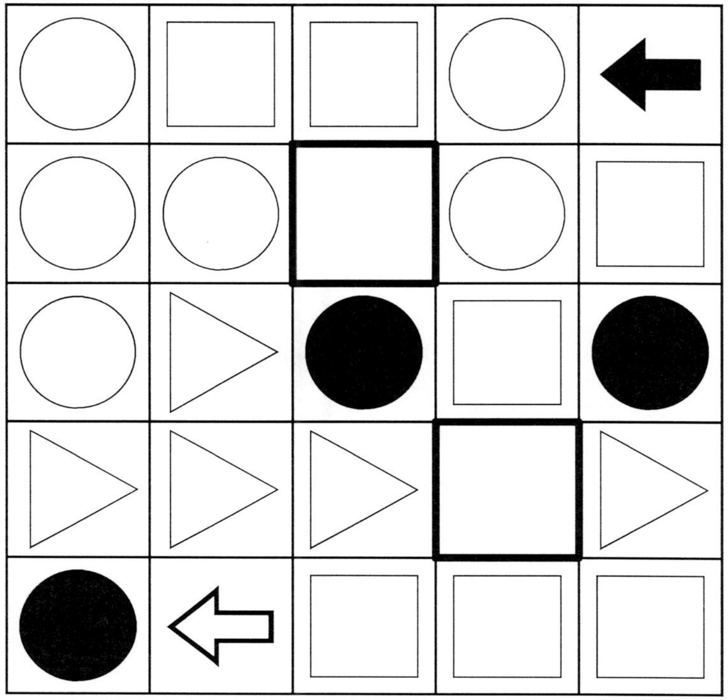

問題3

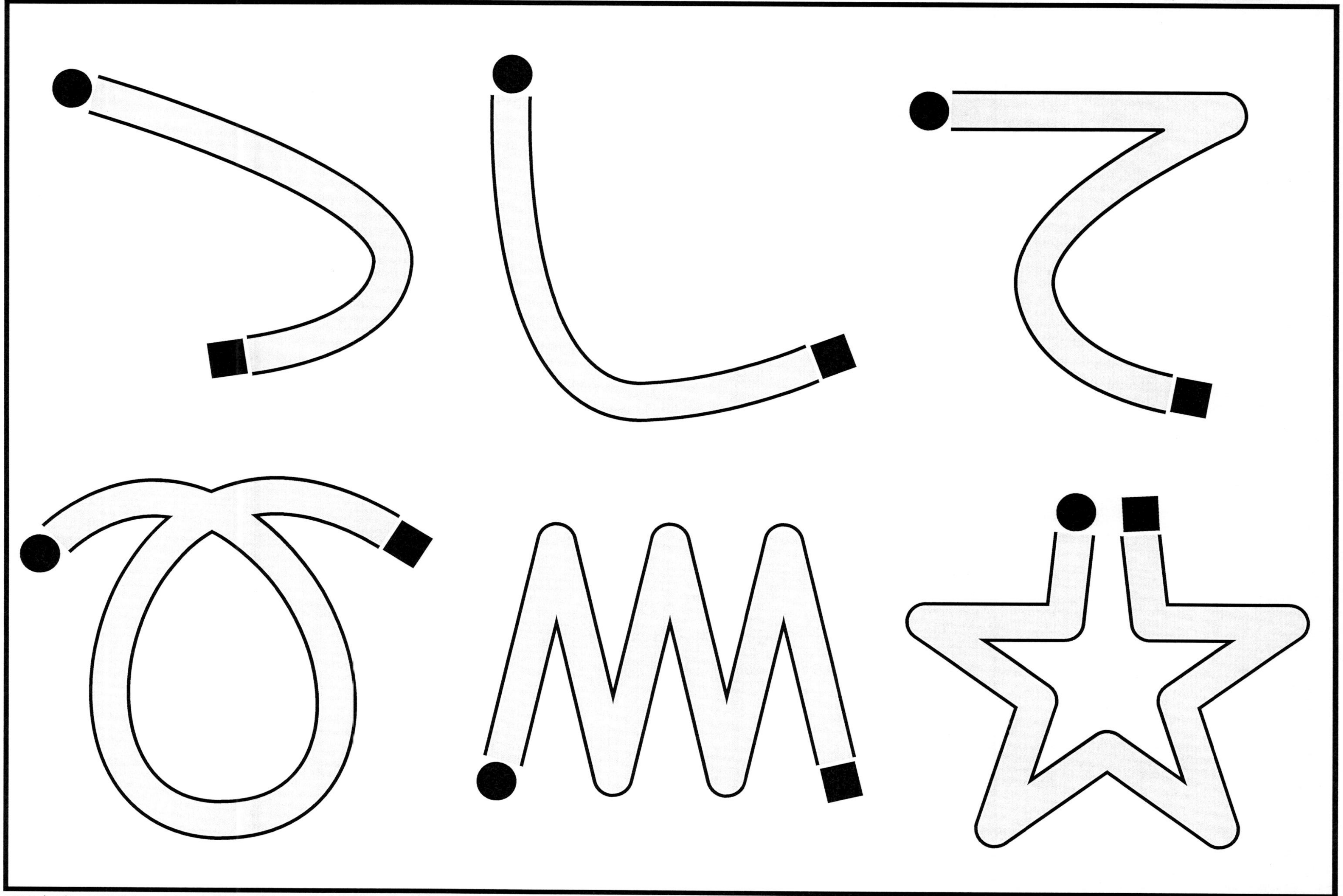

問題4

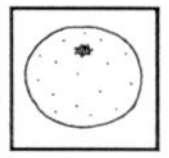

☆附属京都小中学校

問題5

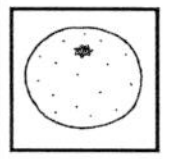

☆附属京都小中学校

2023 年度 京都府版 国立小学校 過去 無断複製／転載を禁ずる 日本学習図書株式会社

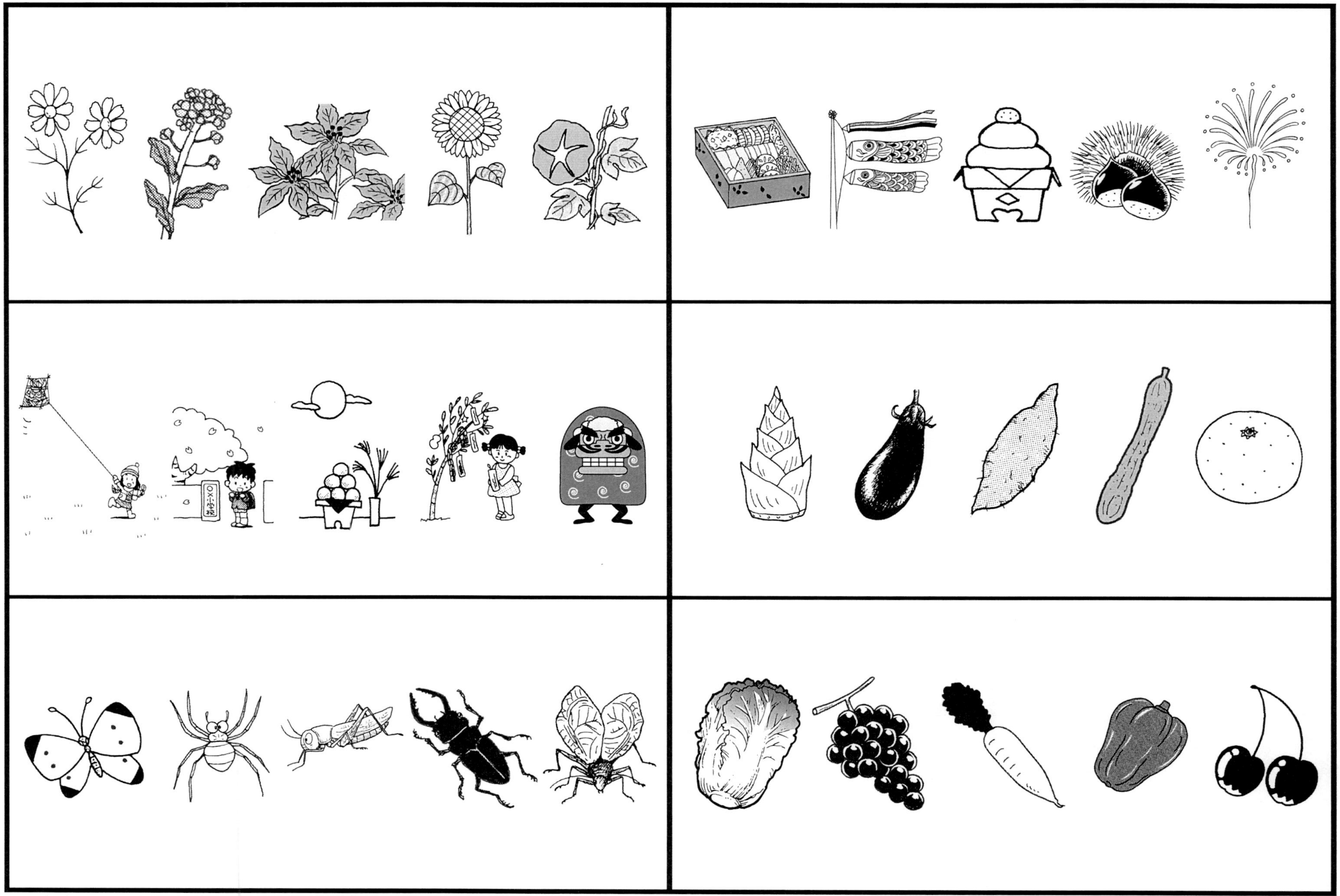

☆附属京都小中学校

問題 6 － 2

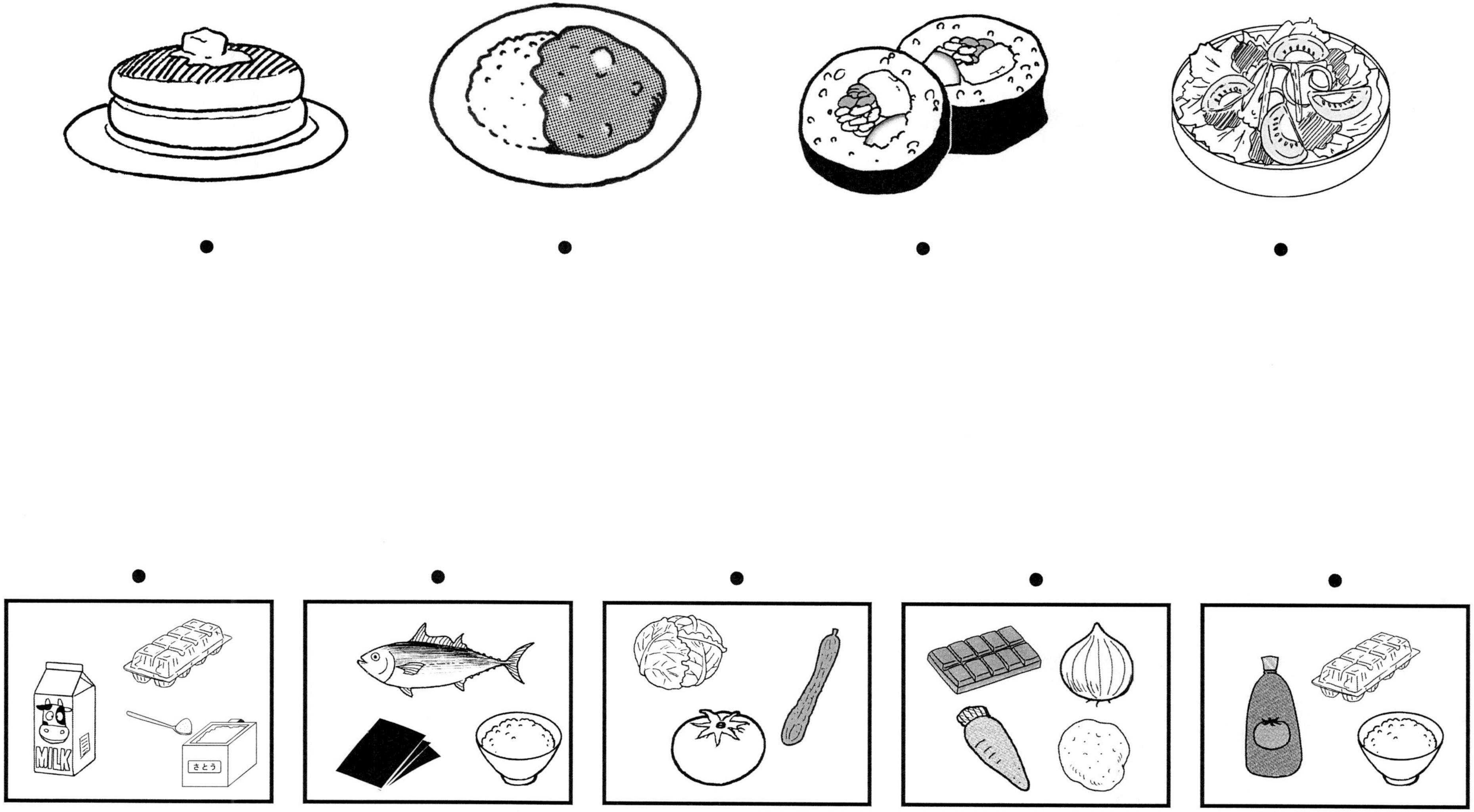

問題7

①

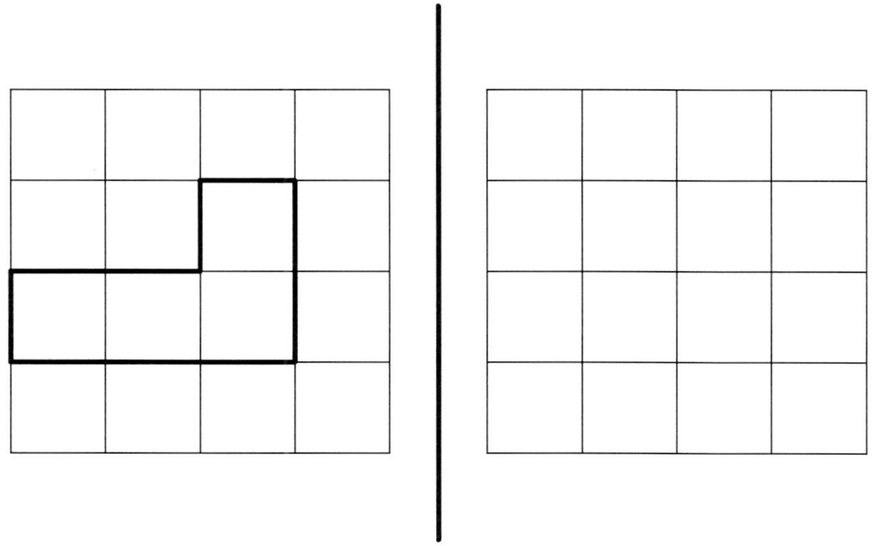

②

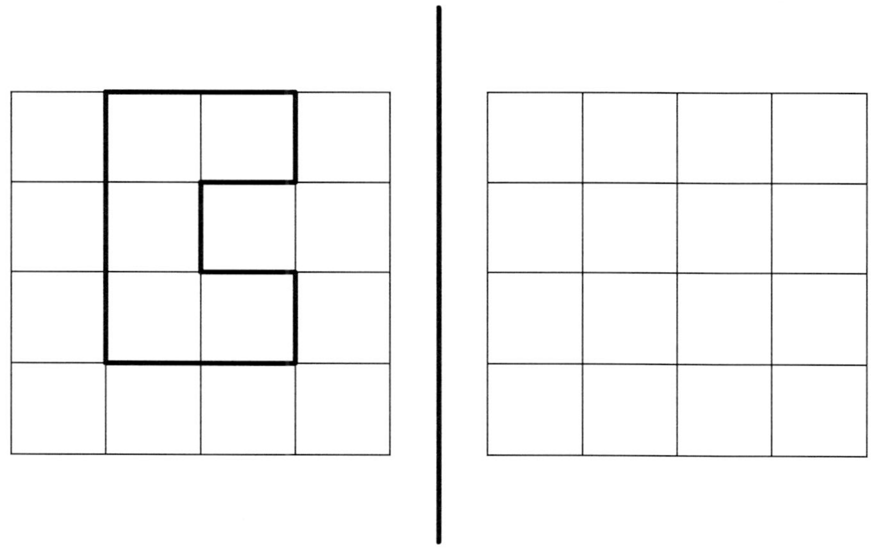

③

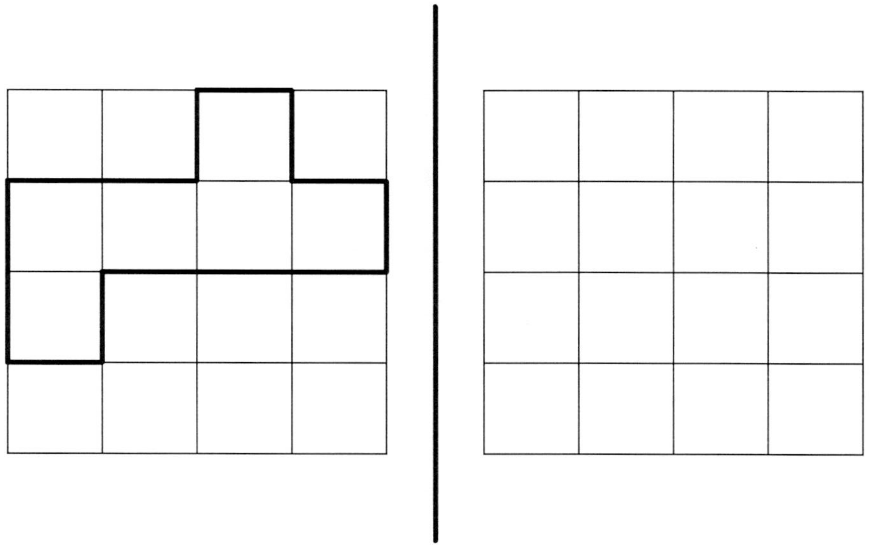

④

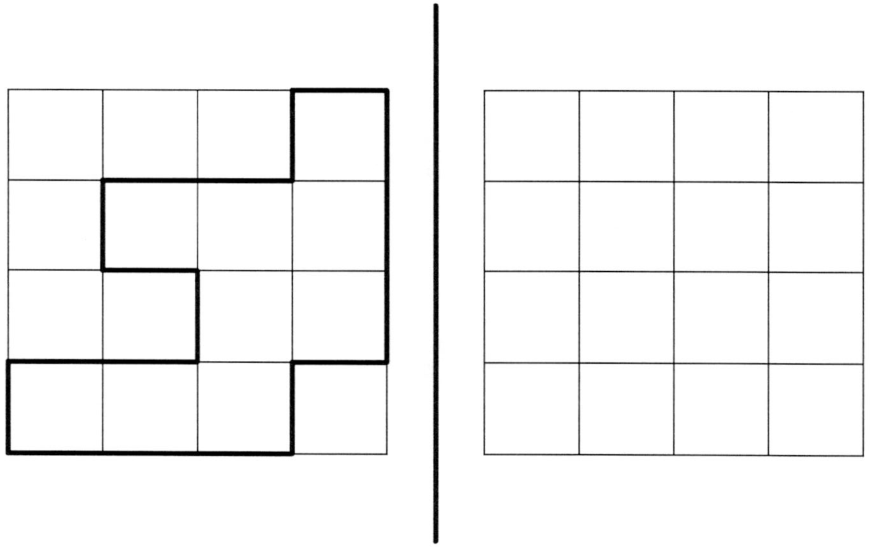

問題 8

日本学習図書株式会社

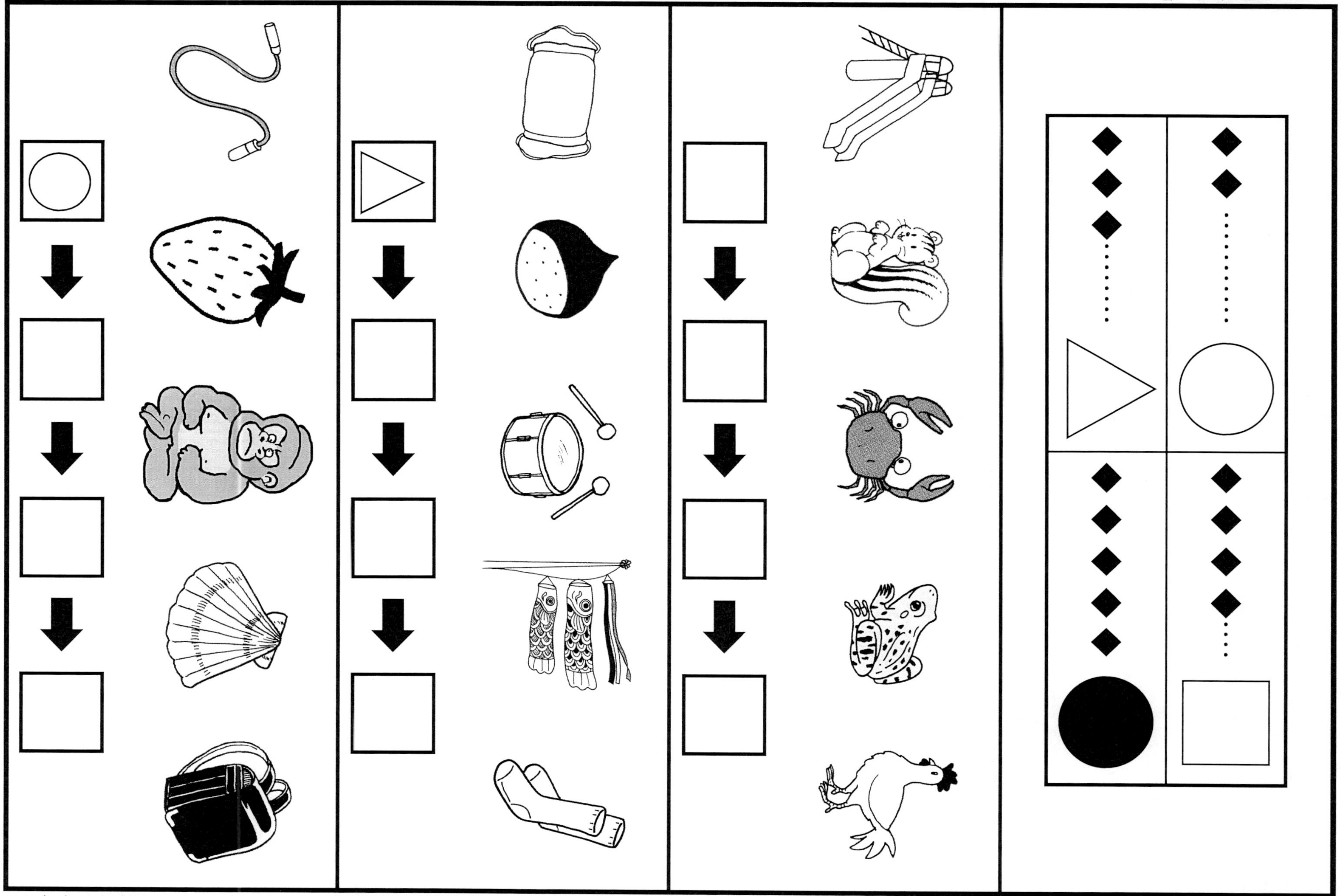

☆附属京都小中学校

2023年度版 京都府版 国立小学校 過去 無断複製／転載を禁ずる 日本学習図書株式会社

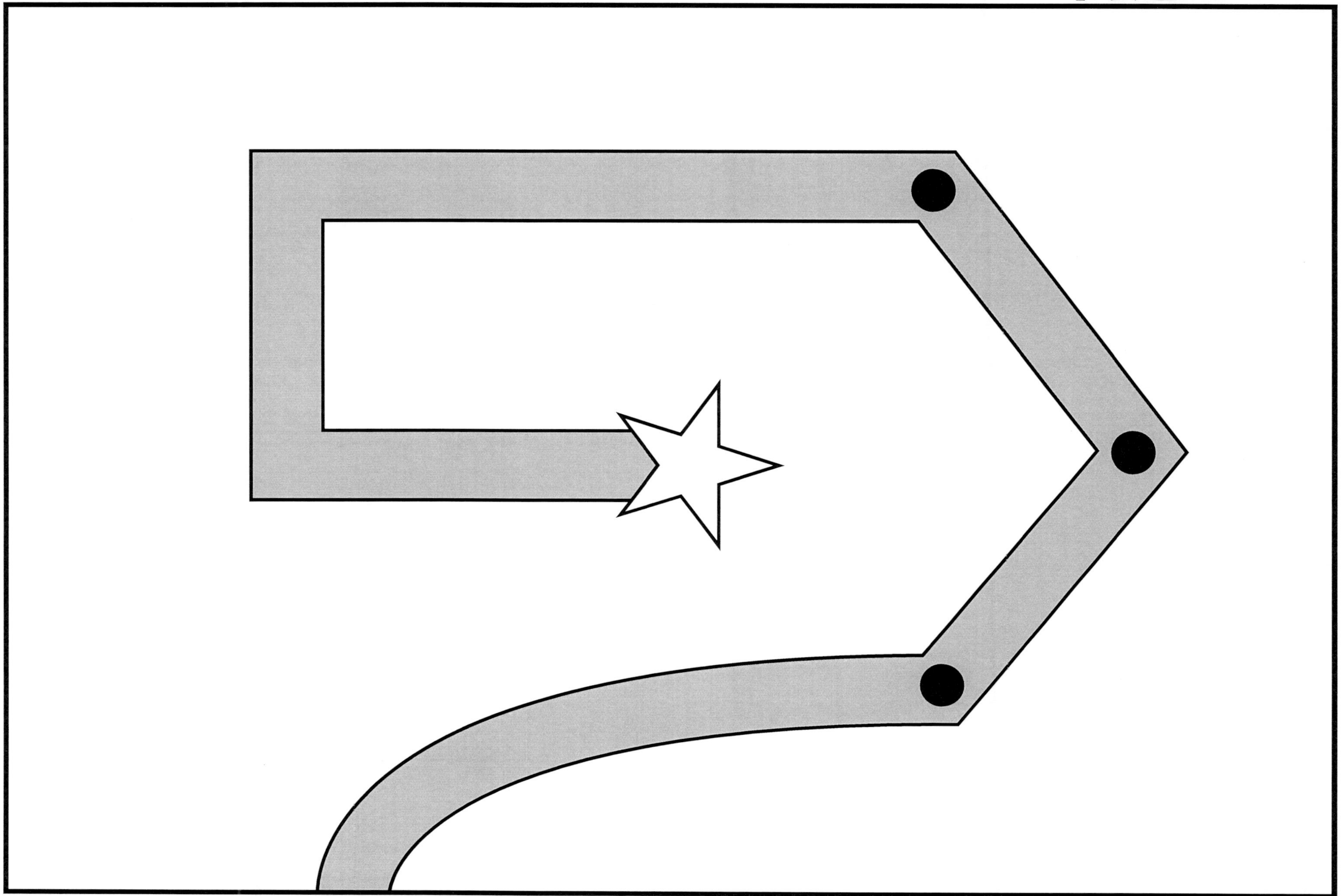

問題9－2

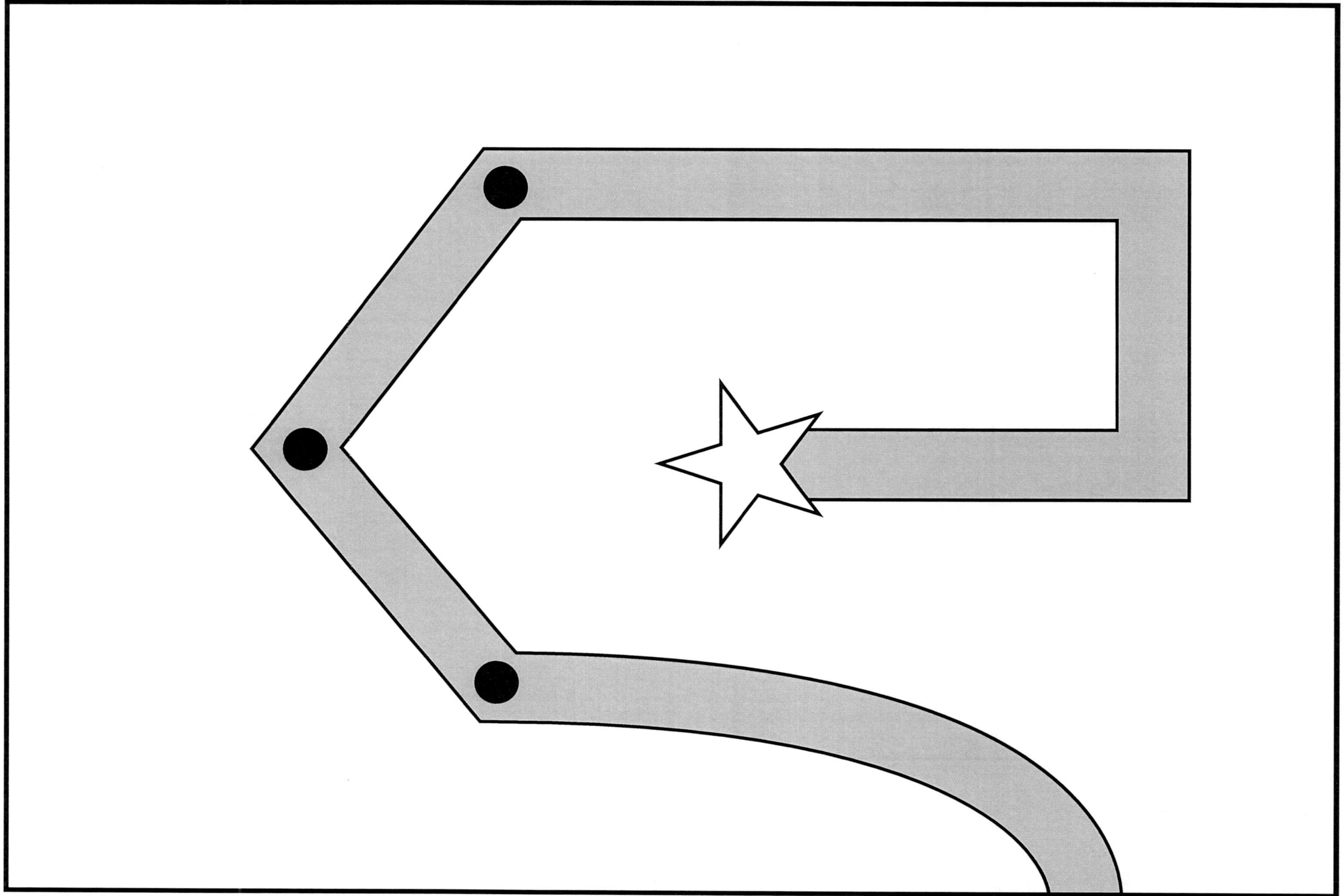

問題１０－１

問題１０－２

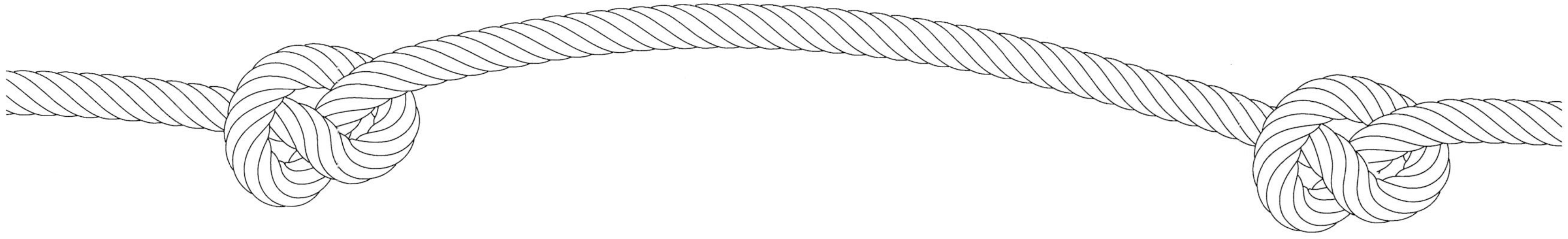

問題11－1

問題11−2

問題１１－３

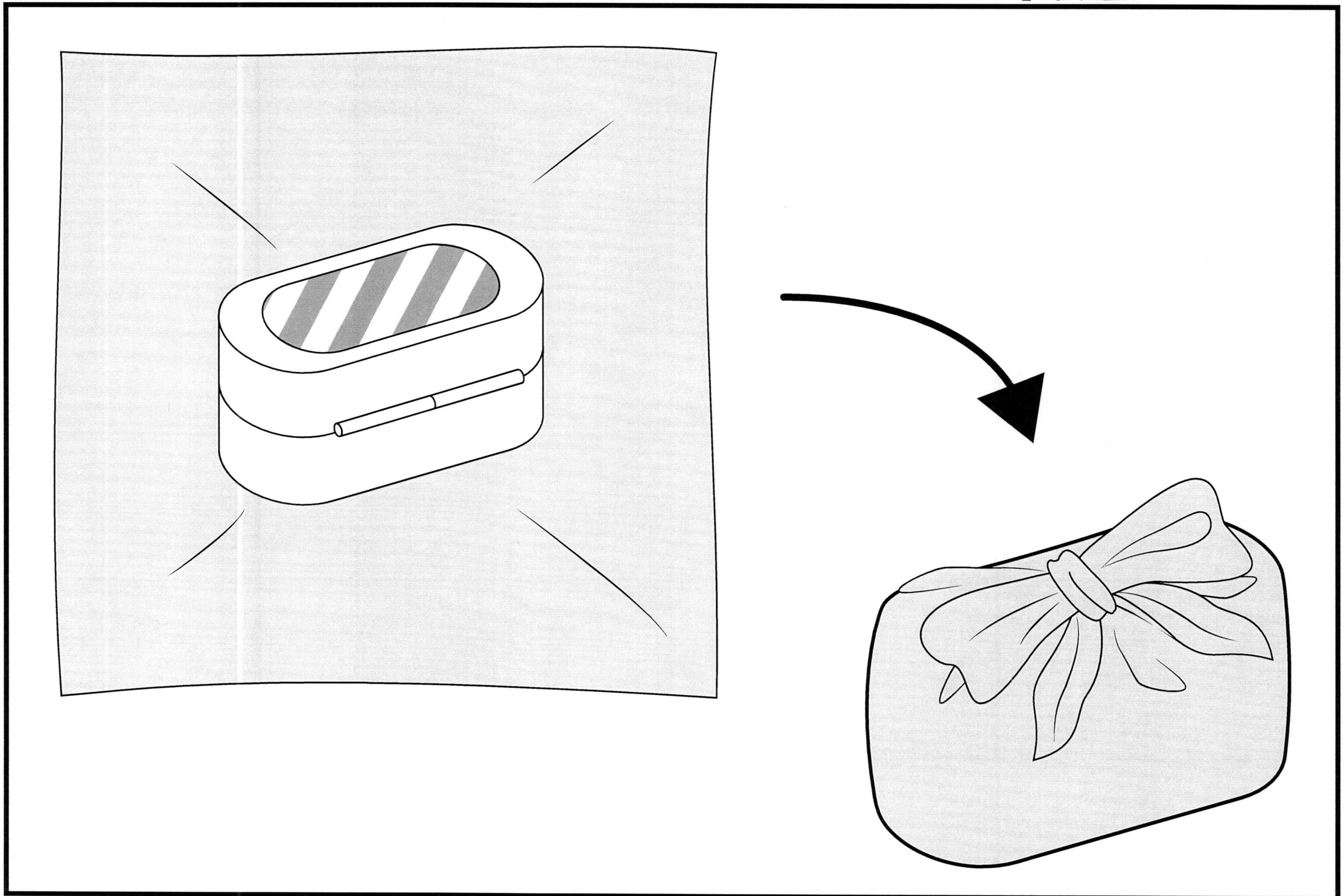

☆附属京都小中学校

問題12

問題１３

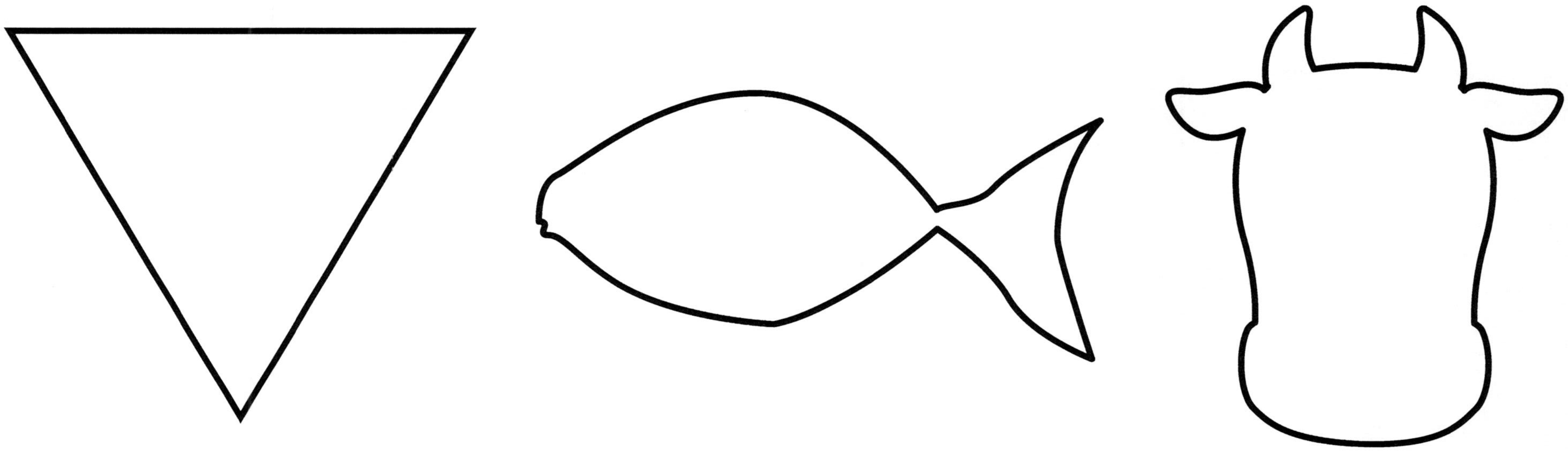

　

☆附属京都小中学校

問題１４

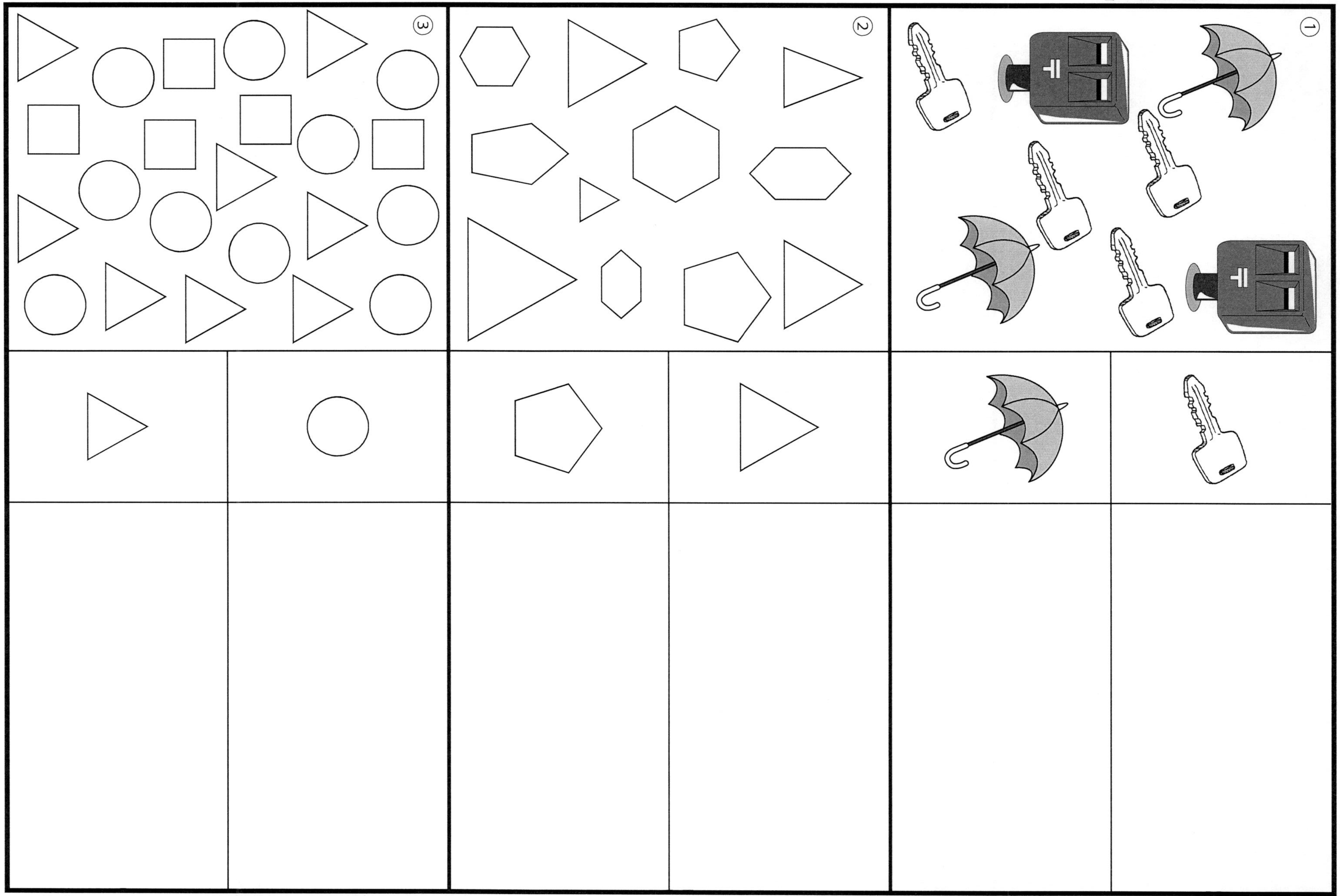

問題15

①

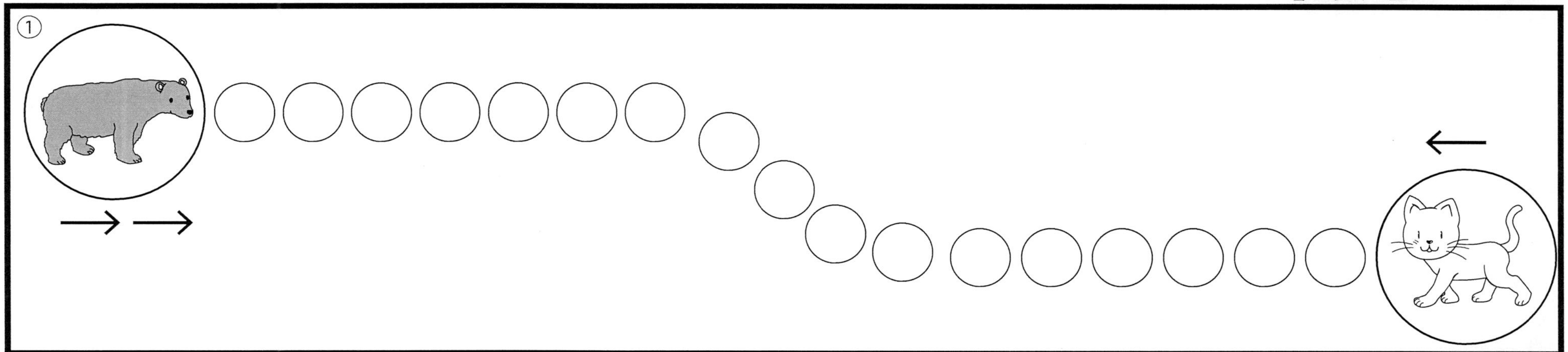

②

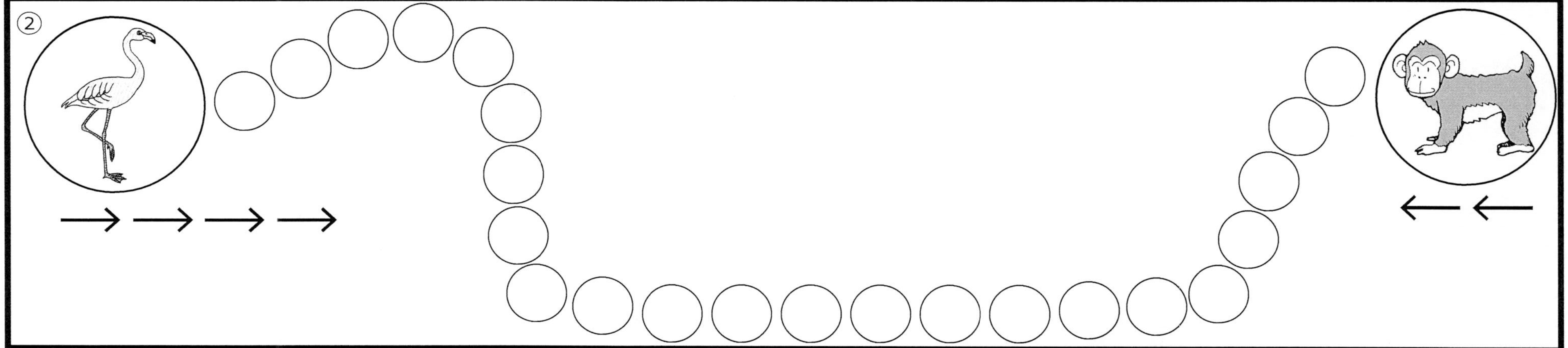

③

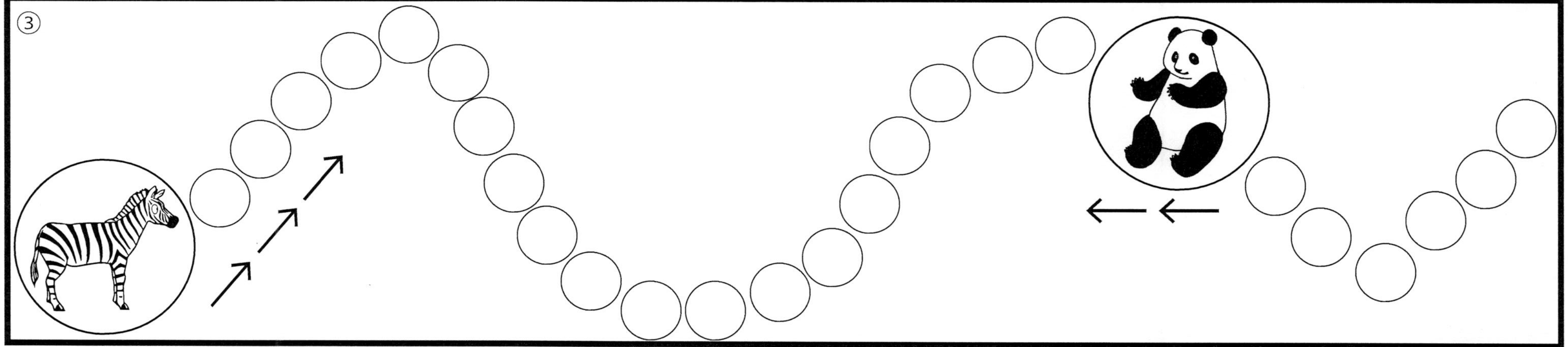

①
②
③

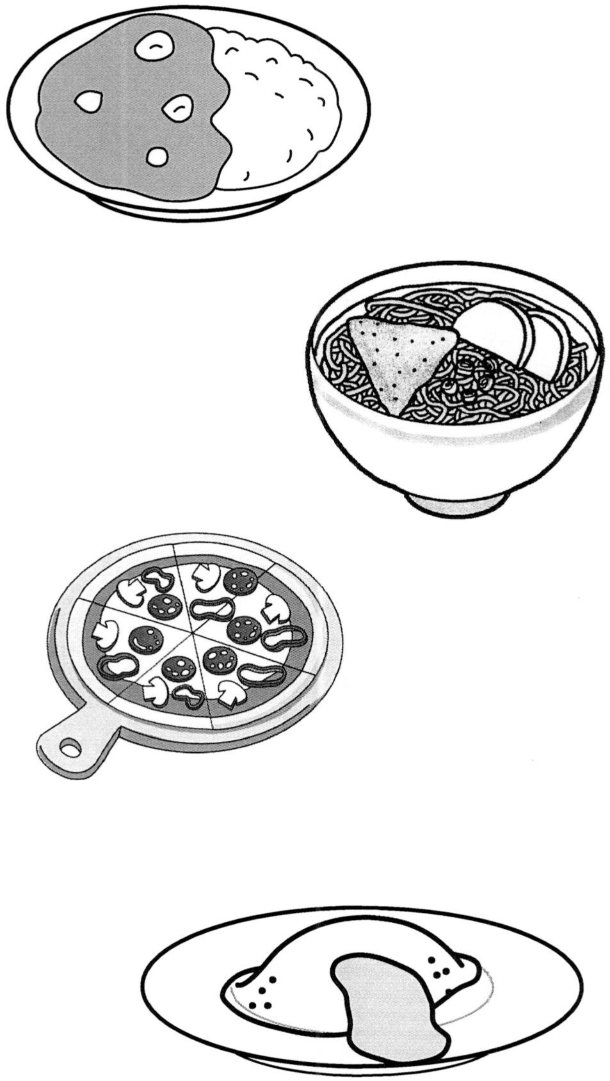

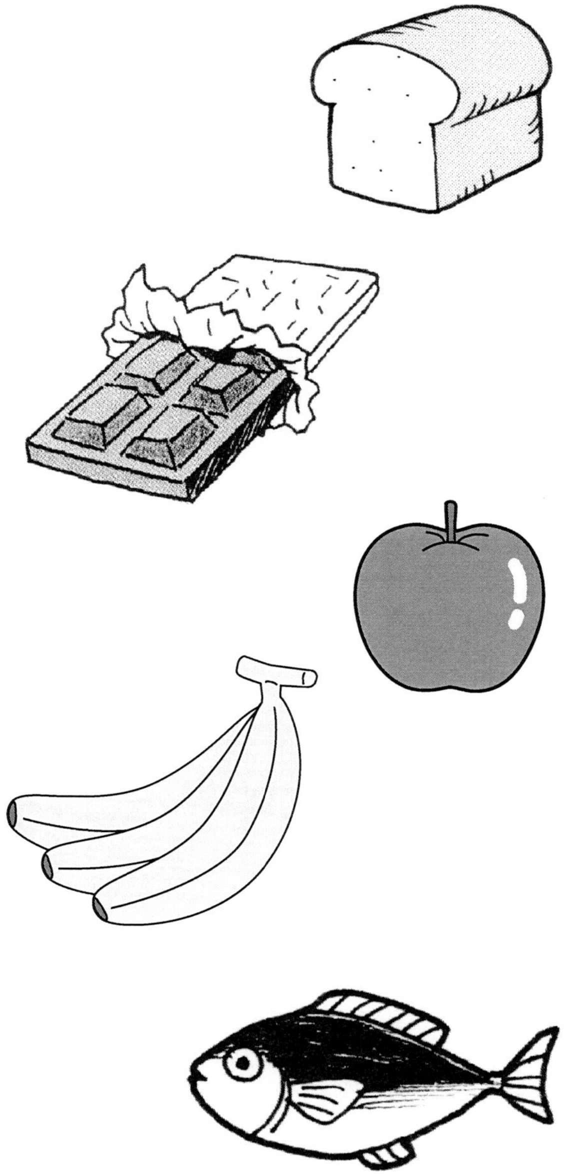

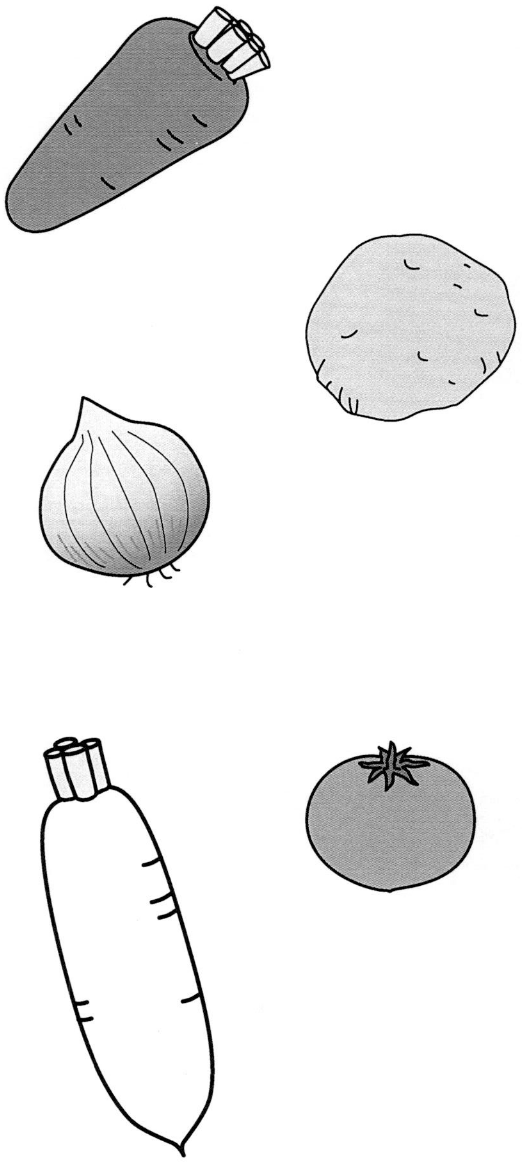

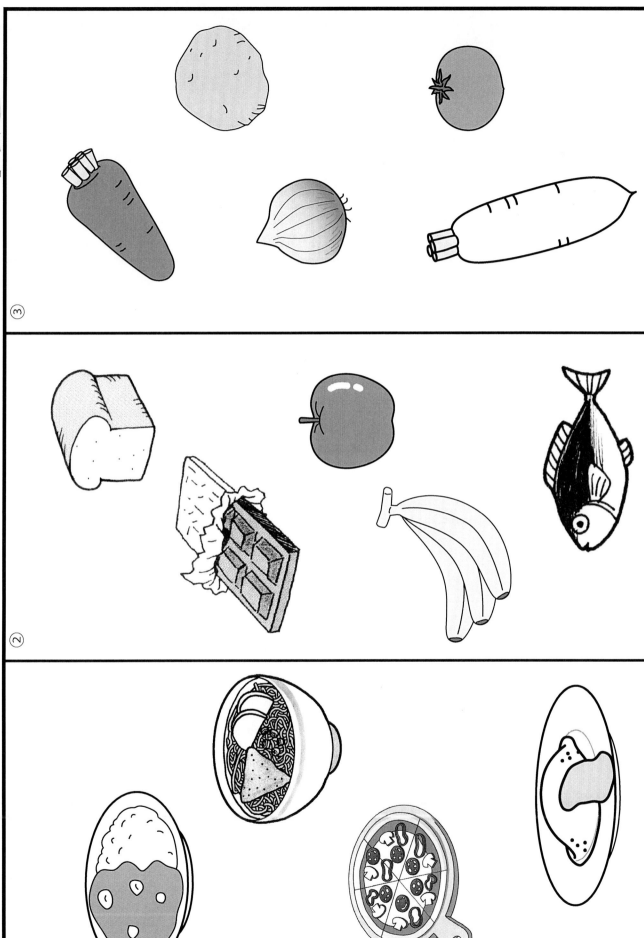

問題１７

①

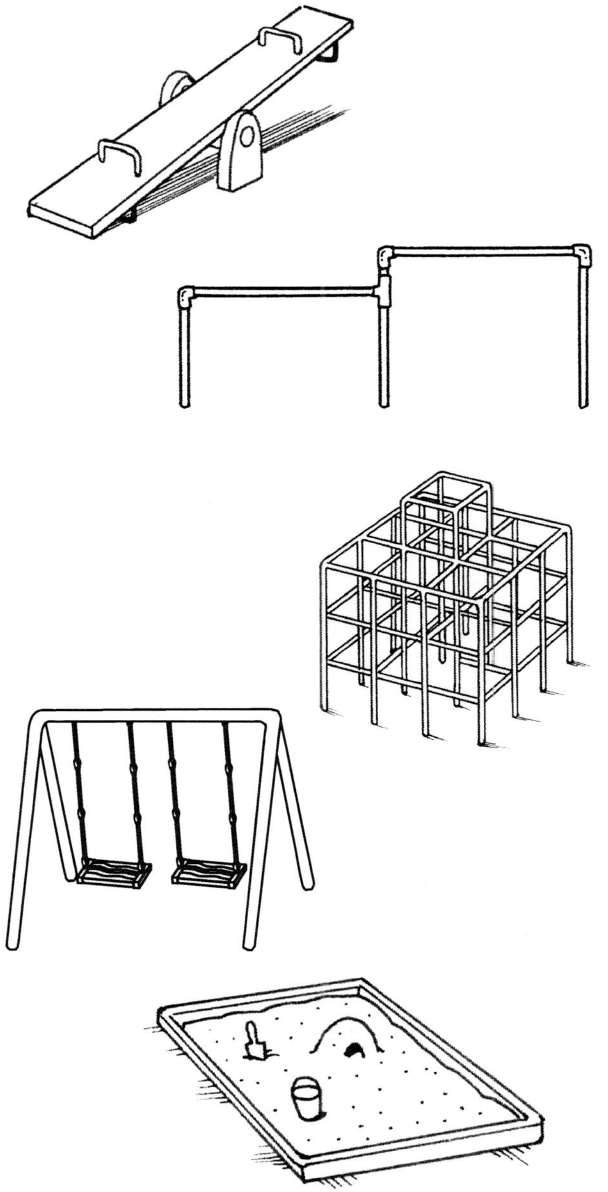

②

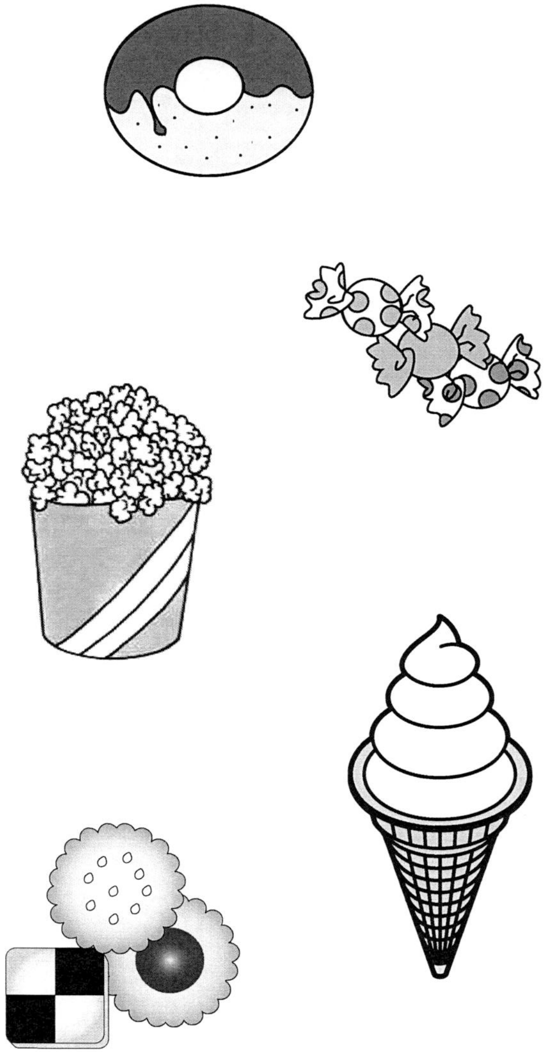

③

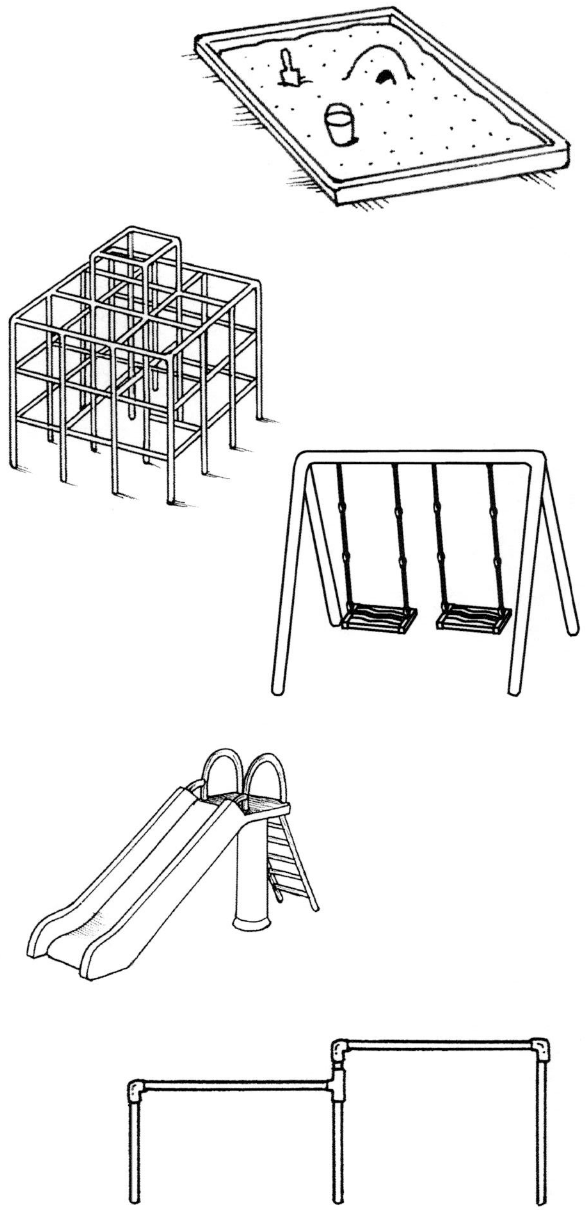

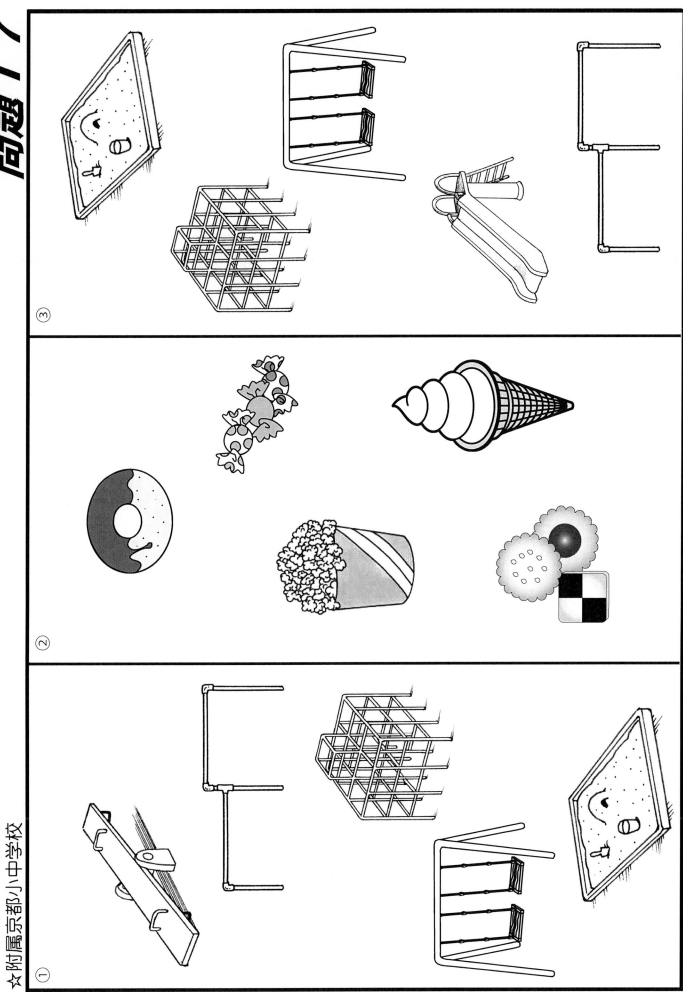

☆附属京都小中学校

問題１８

①

②

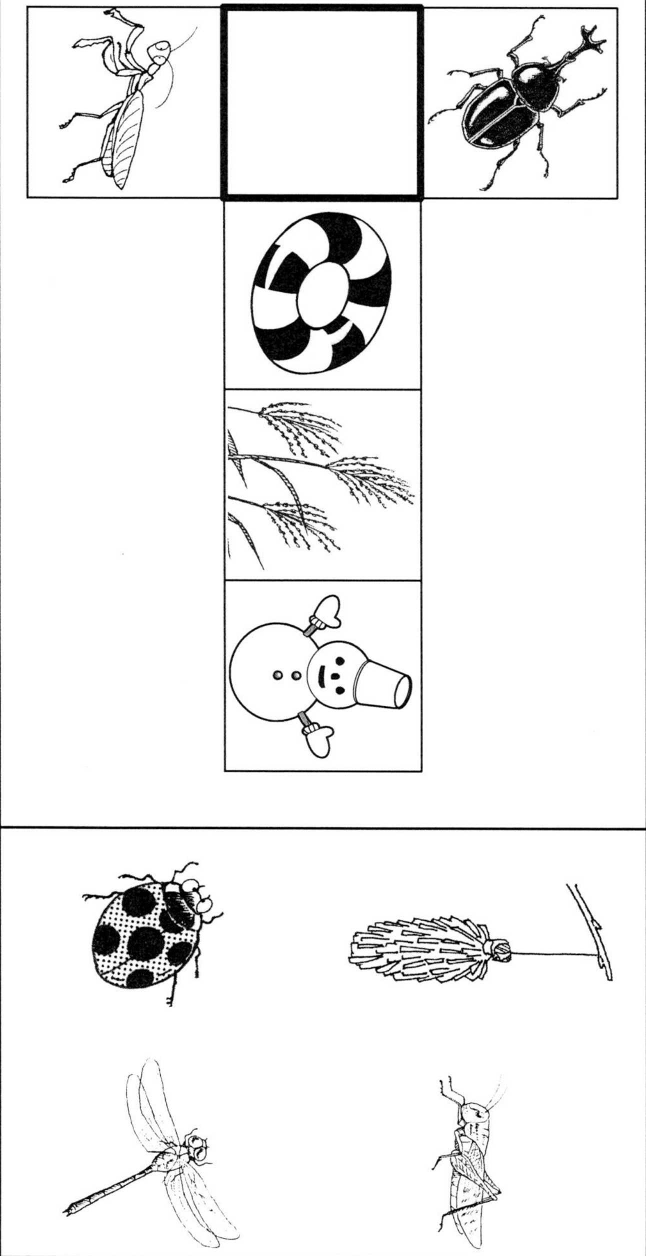

③

問題19

☆附属京都小中学校

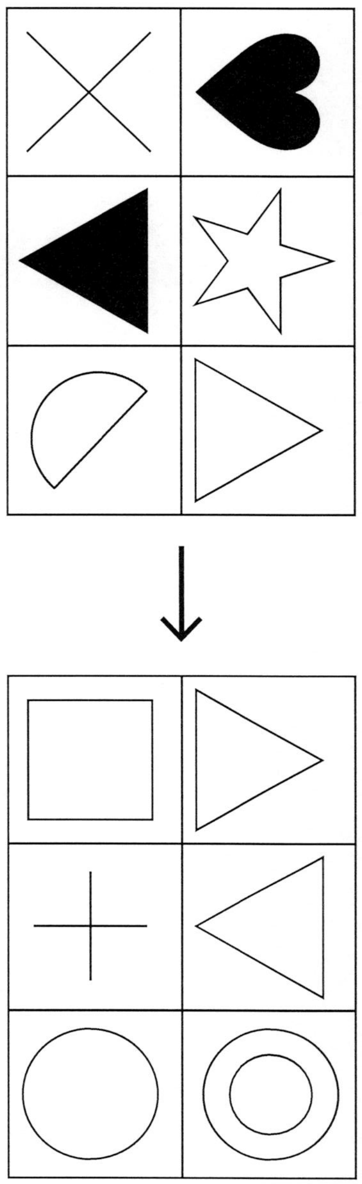

①

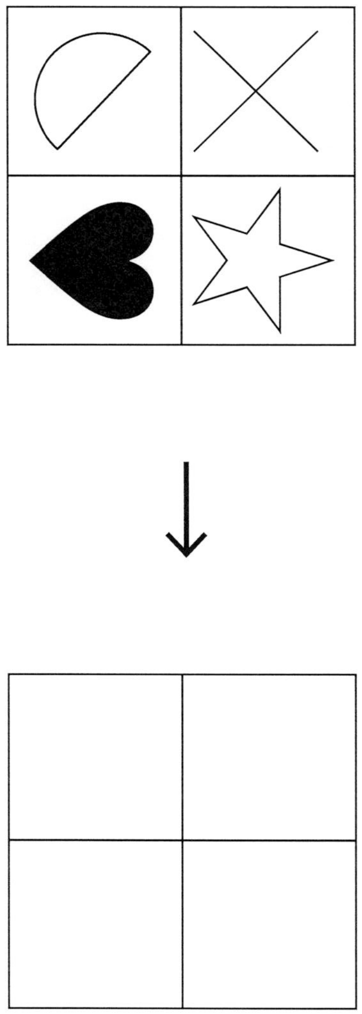

②

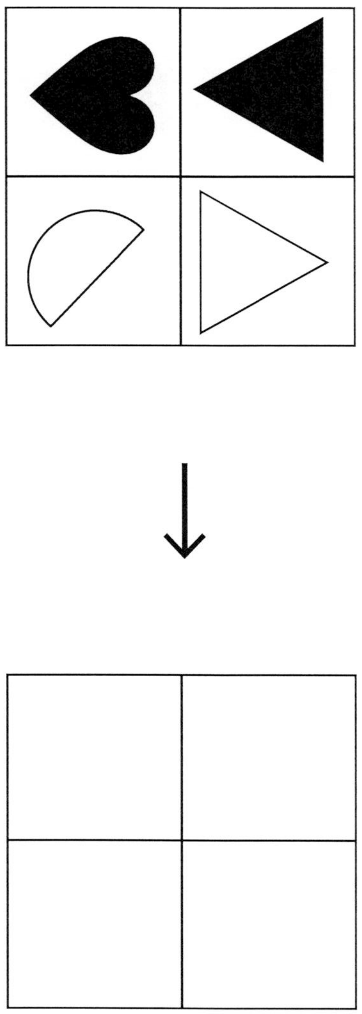

③

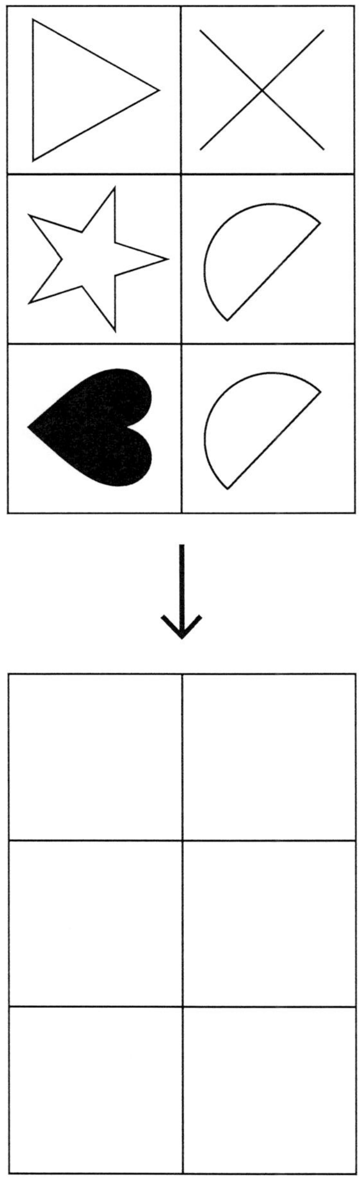

問題２０－１

☆附属京都小中学校

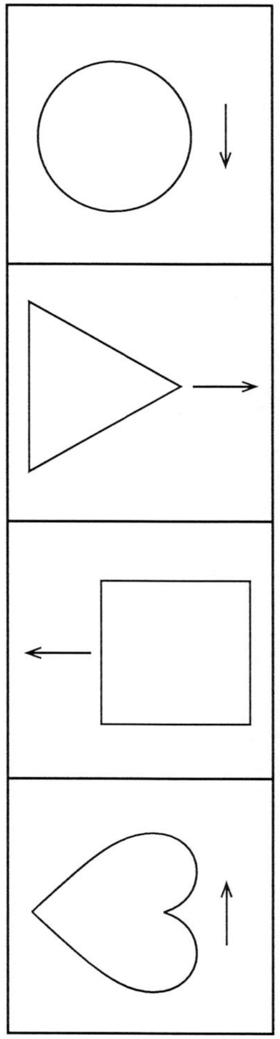

①

②

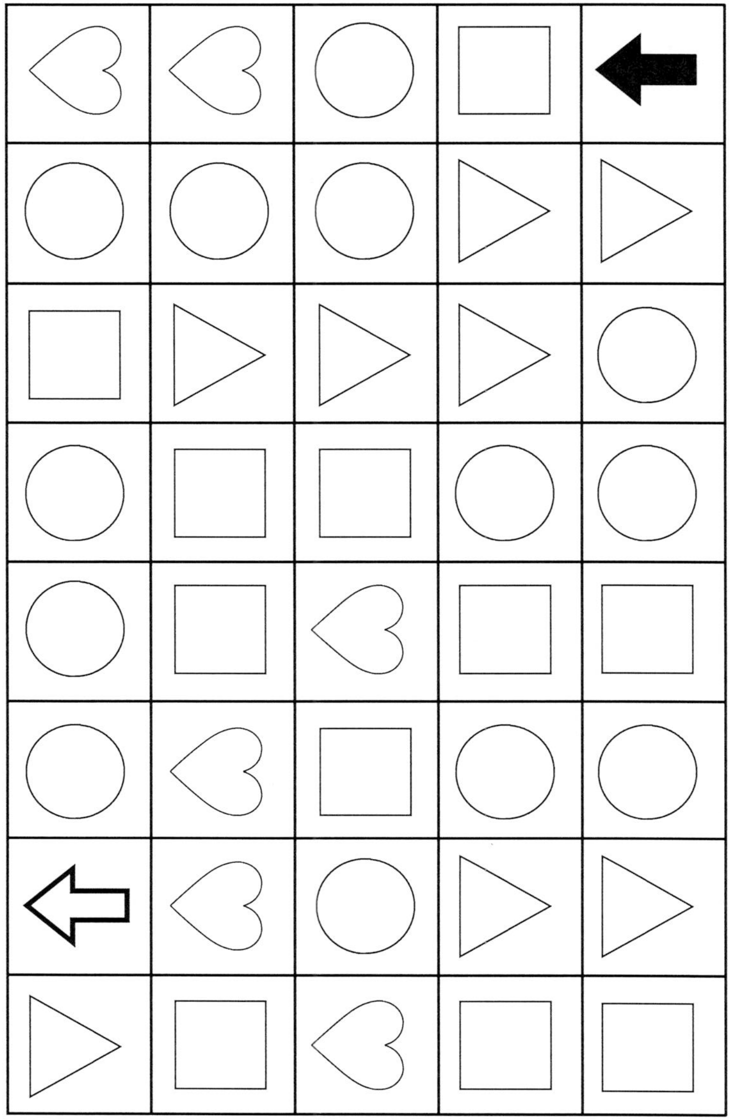

問題２０－２

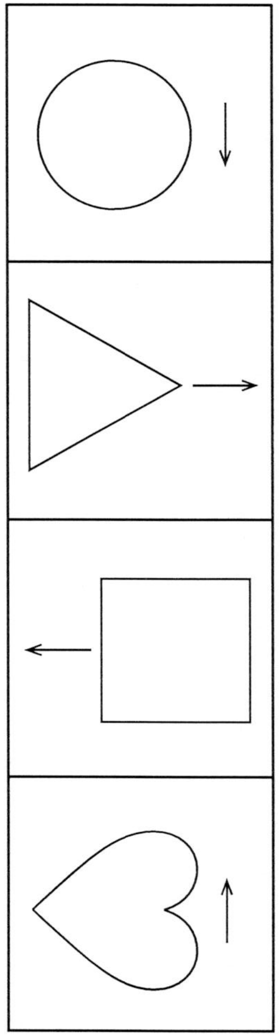

③

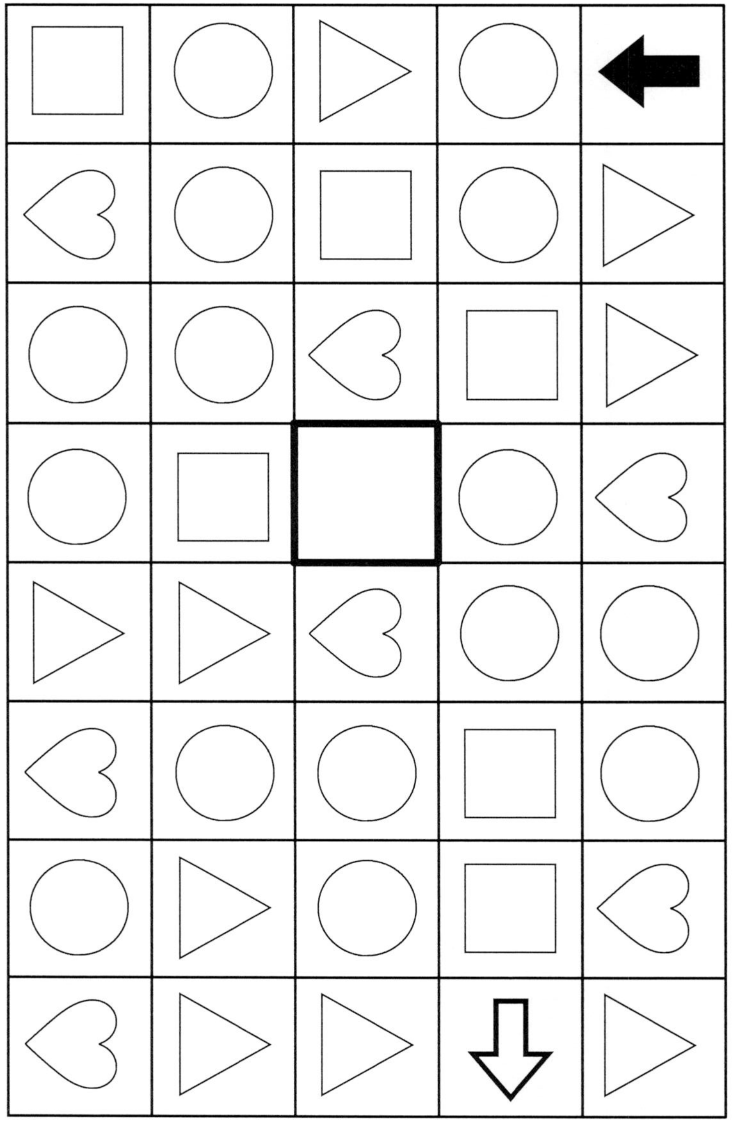

④

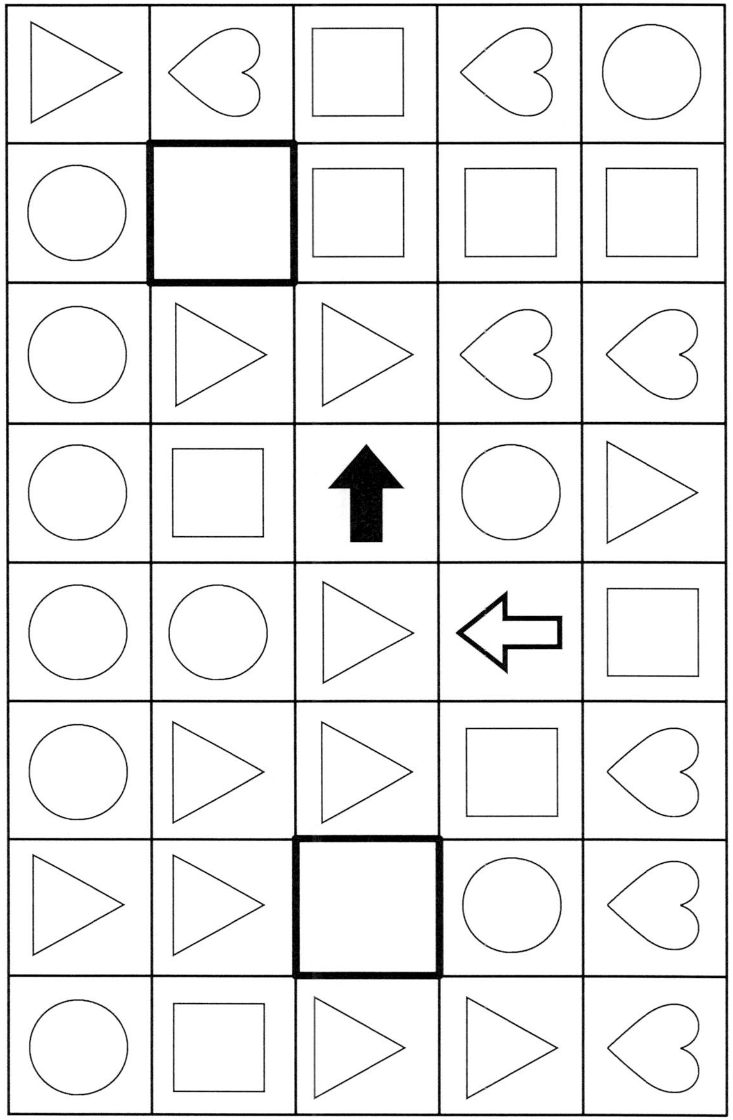

　

日本学習図書株式会社

②

③

2023年度版 京都府版 国立小学校 過去 無断複製／転載を禁ずる

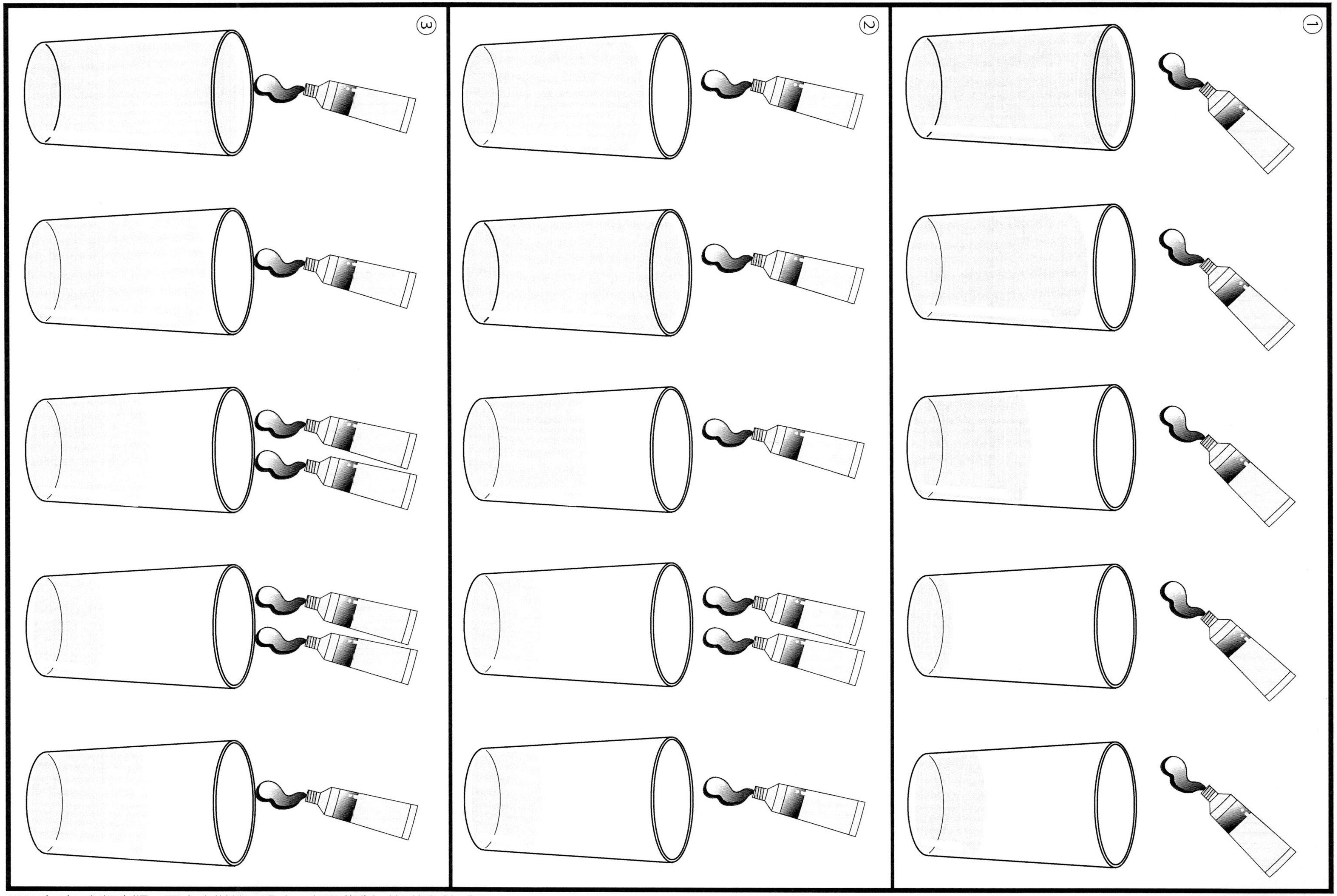

☆附属京都小中学校

問題２１－２

④

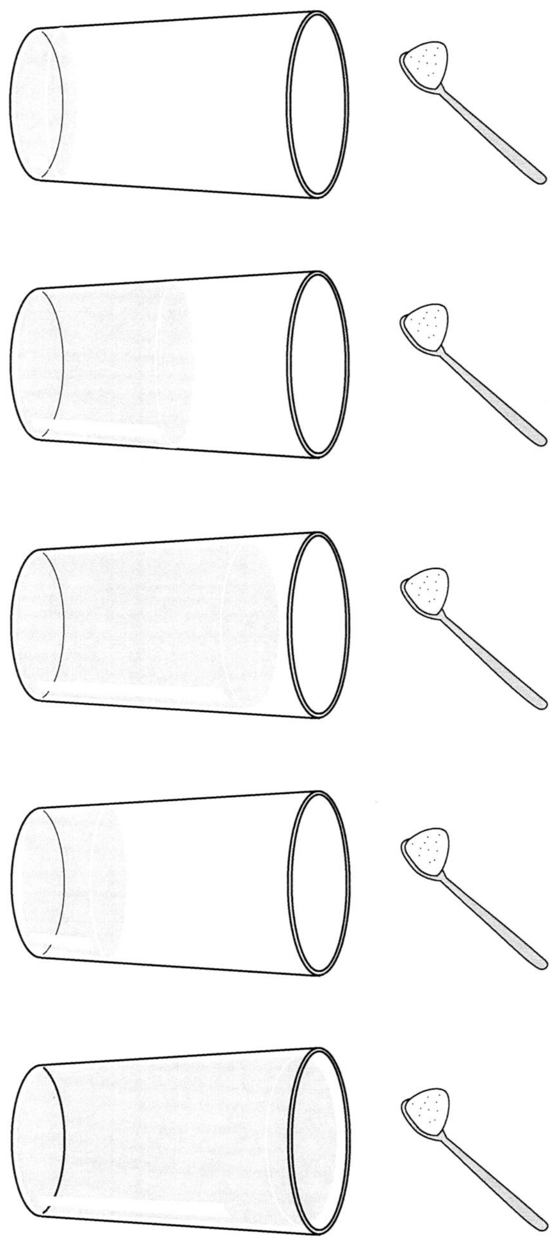

⑤

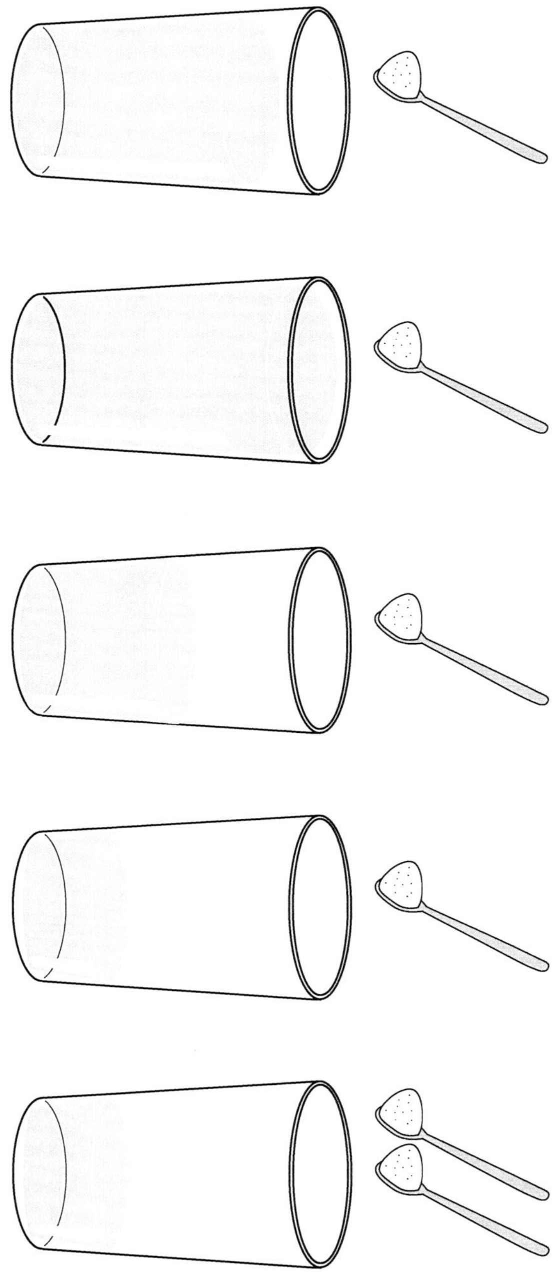

⑥

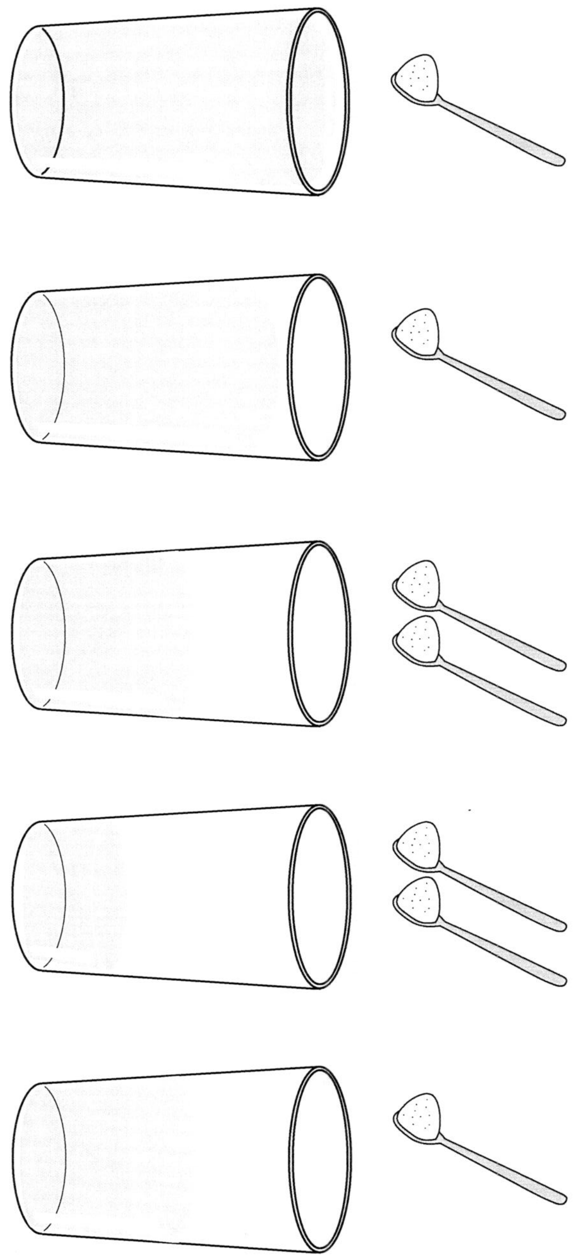

☆附属京都小中学校

問題２２

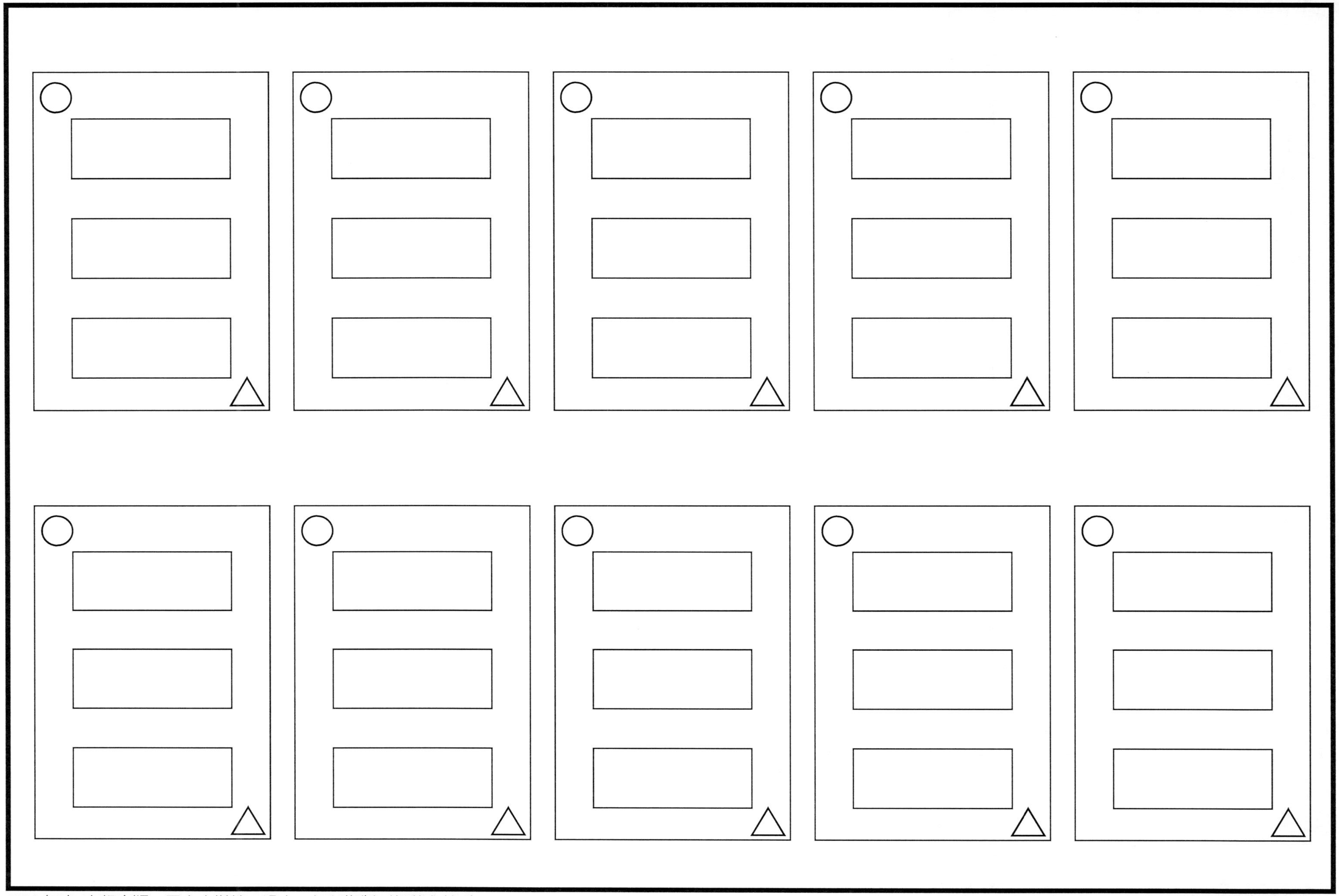

問題２３

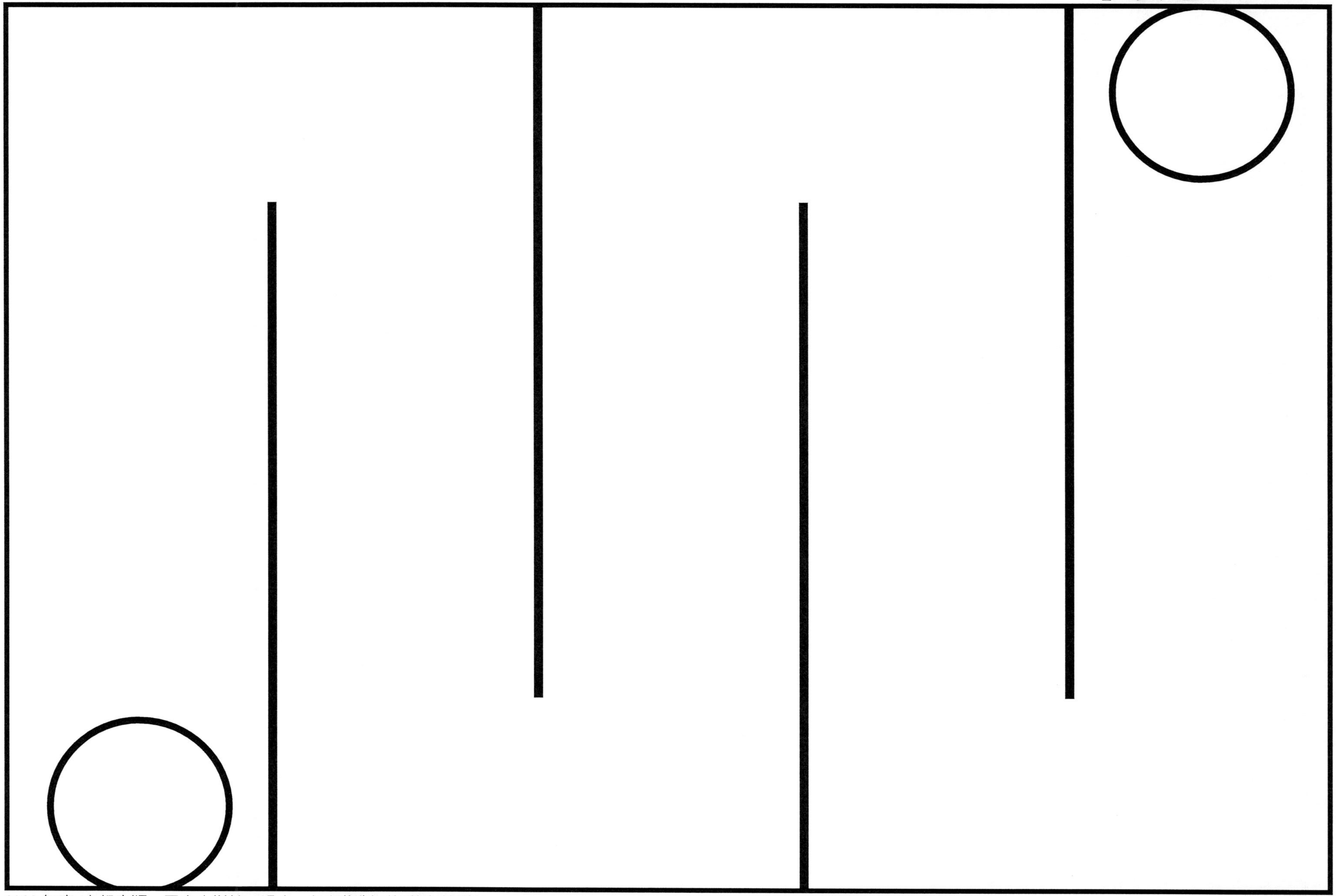

☆附属京都小中学校

問題２５－１

①

問題25－2

②

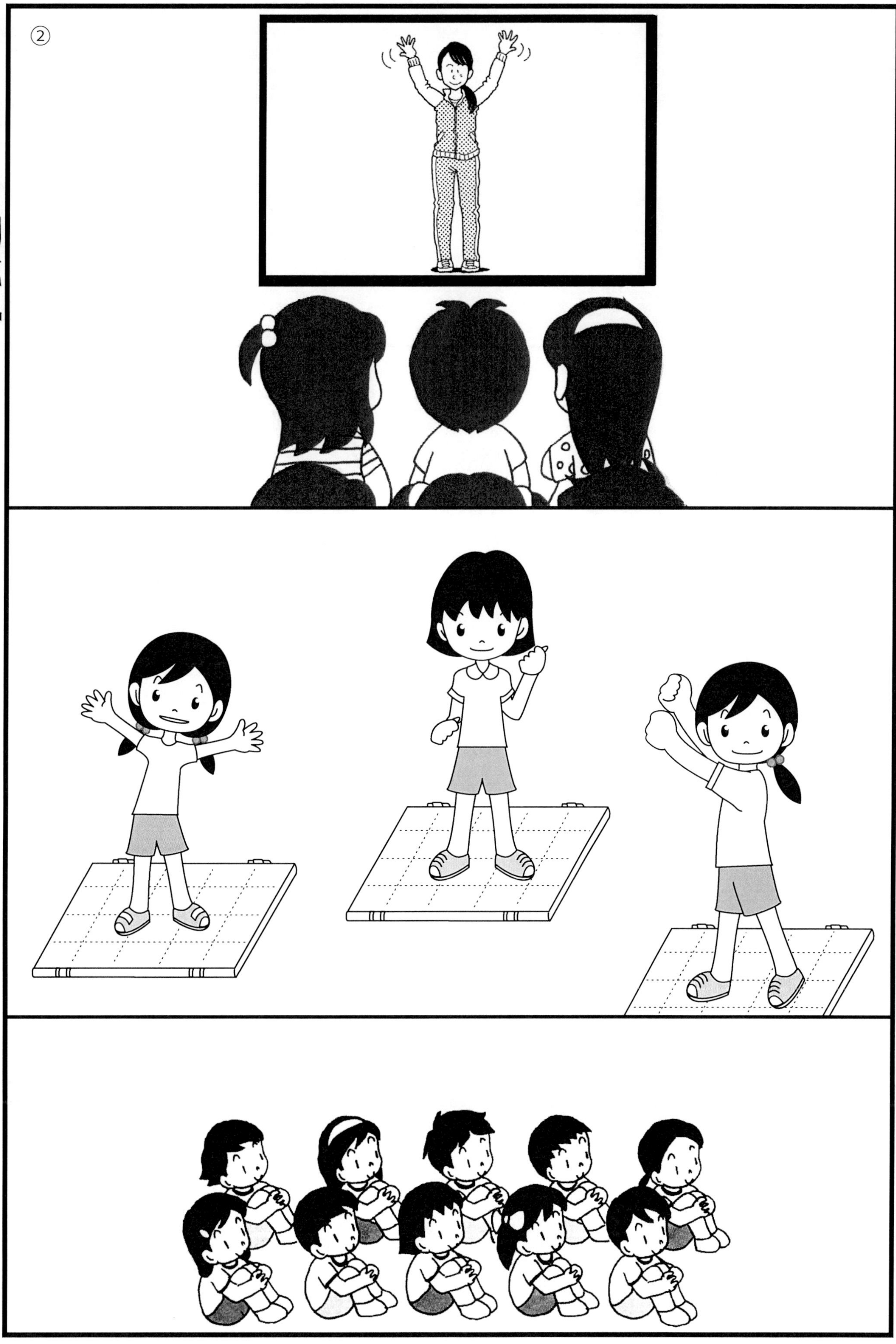

☆附属京都小中学校

☆附属京都小中学校

2023 年度版 京都府版 国立小学校 過去 無断複製／転載を禁ずる 日本学習図書株式会社

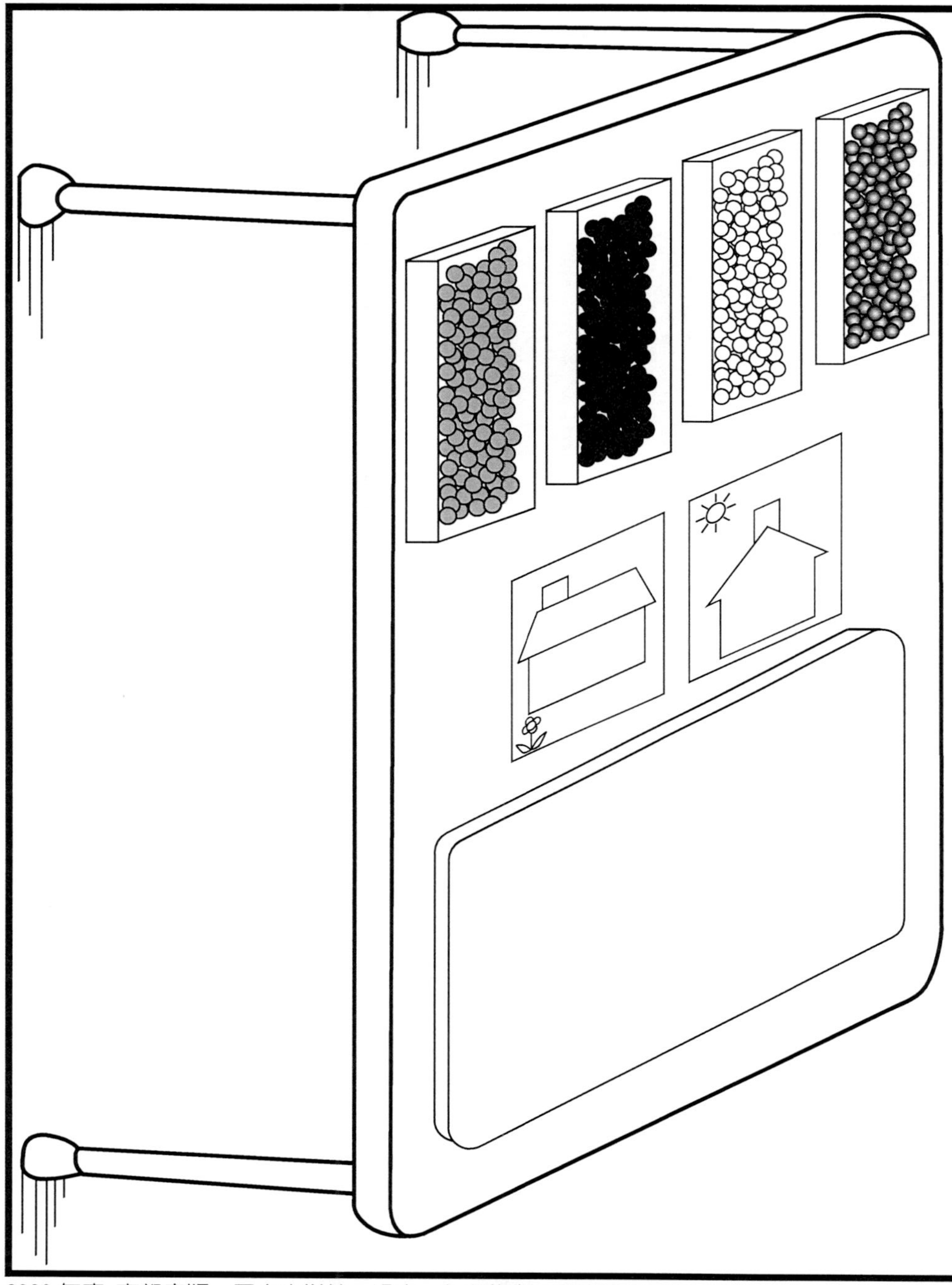

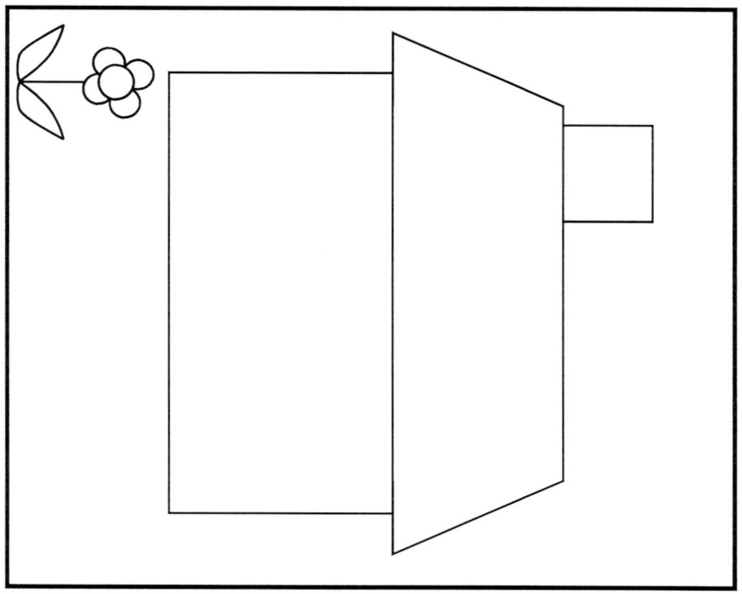

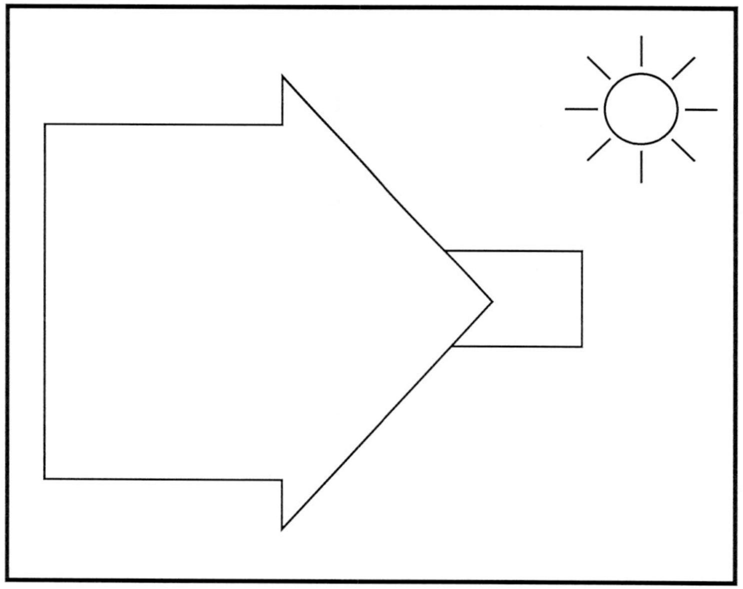

問題27

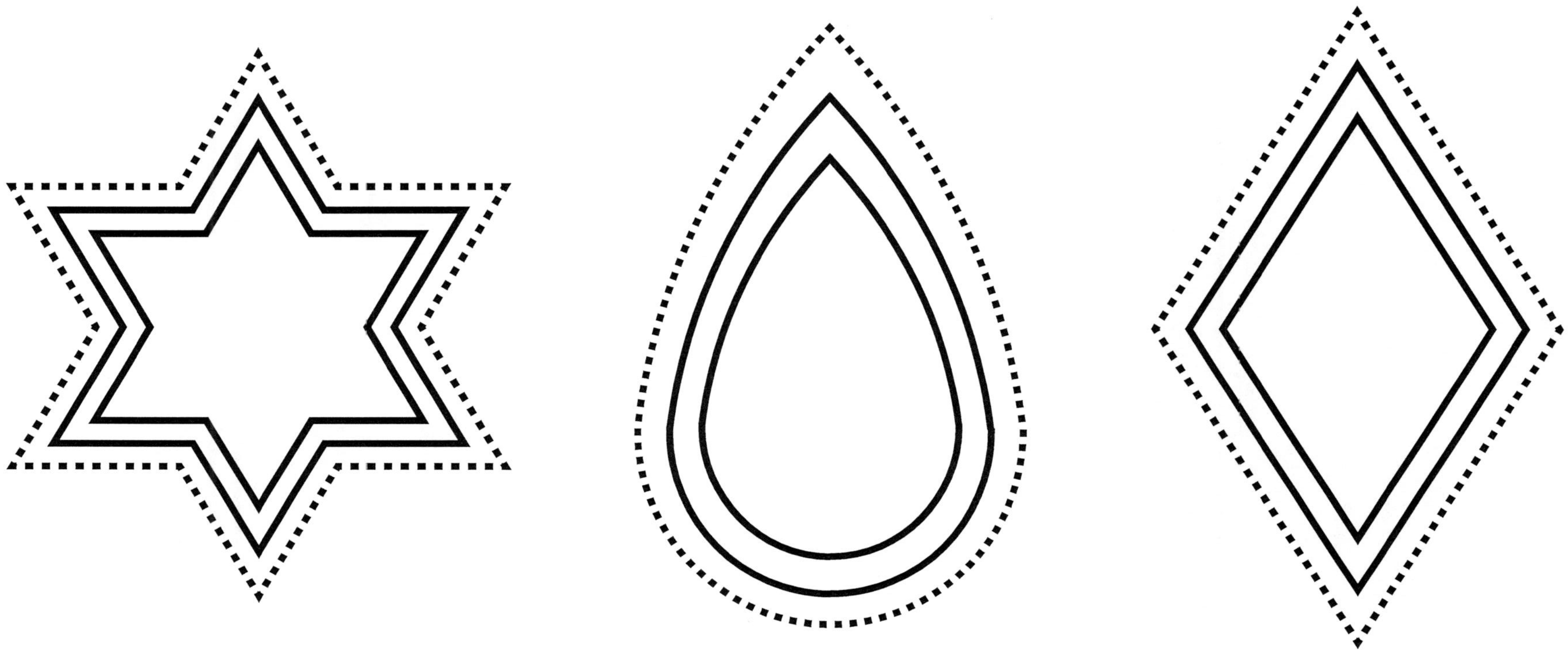

☆附属京都小中学校

問題２８

①

②

③

④

☆附属京都小中学校

問題２９

①

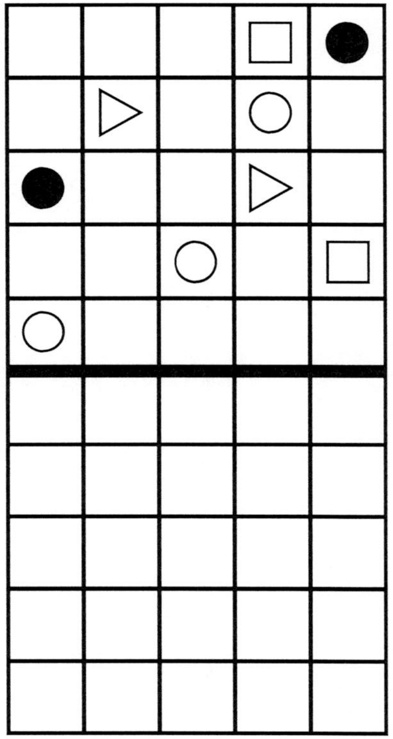

②

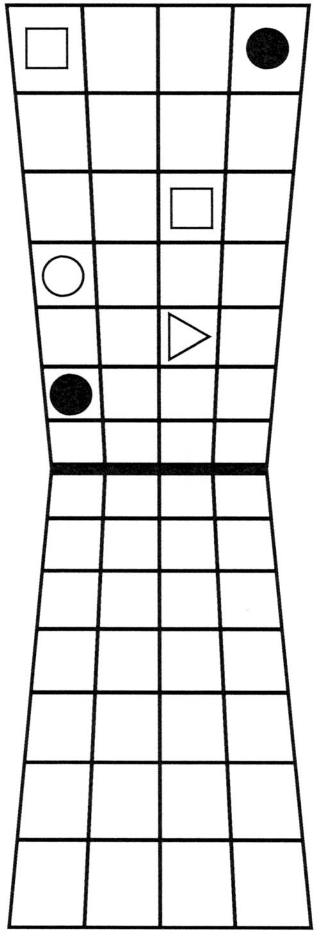

③

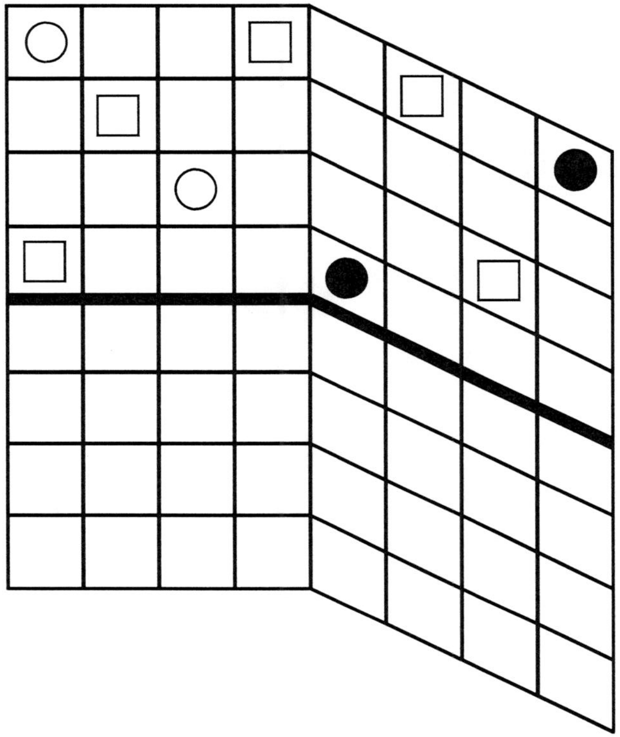

日本学習図書株式会社

☆附属京都小中学校

問題３０

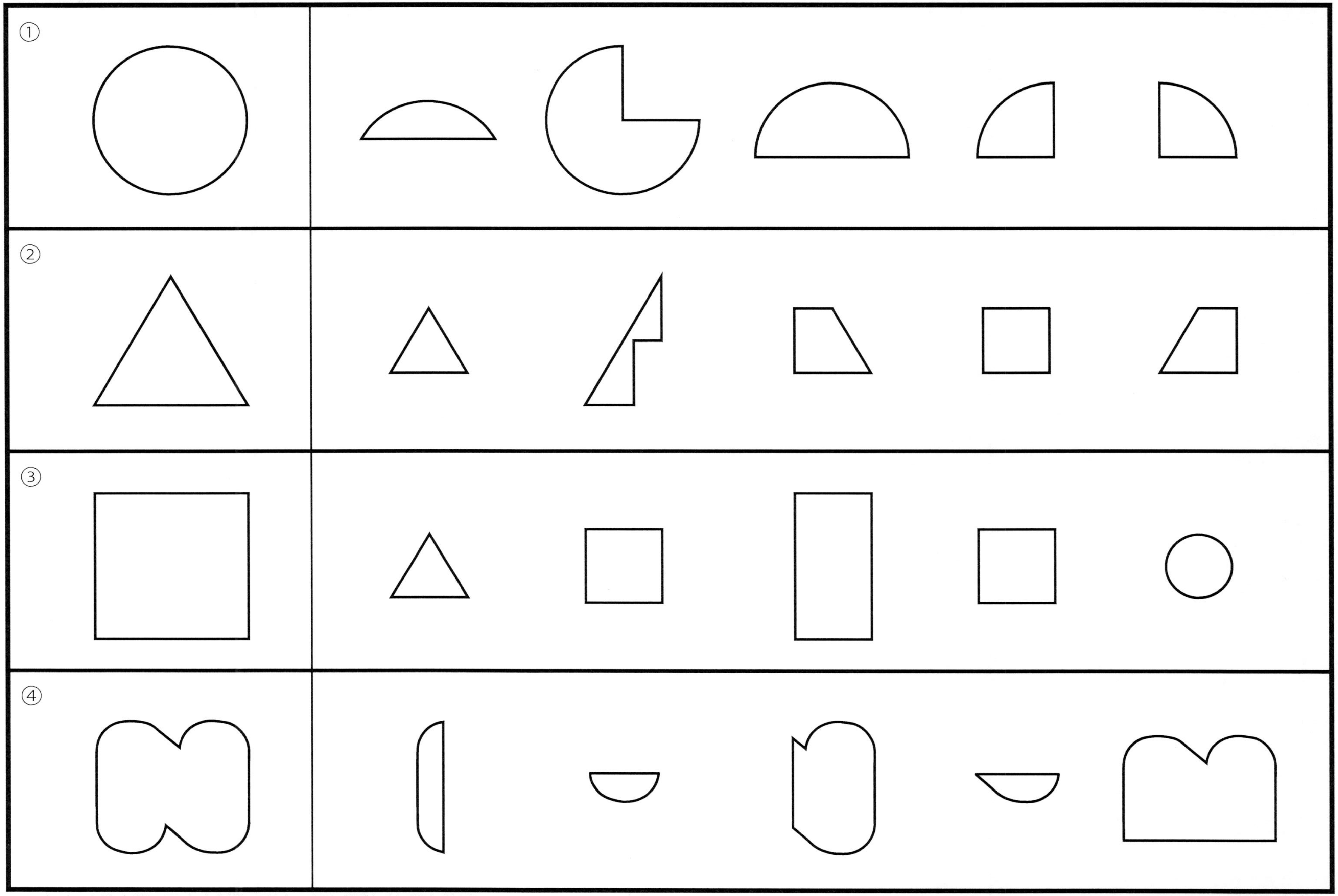

☆附属京都小中学校

問題３１

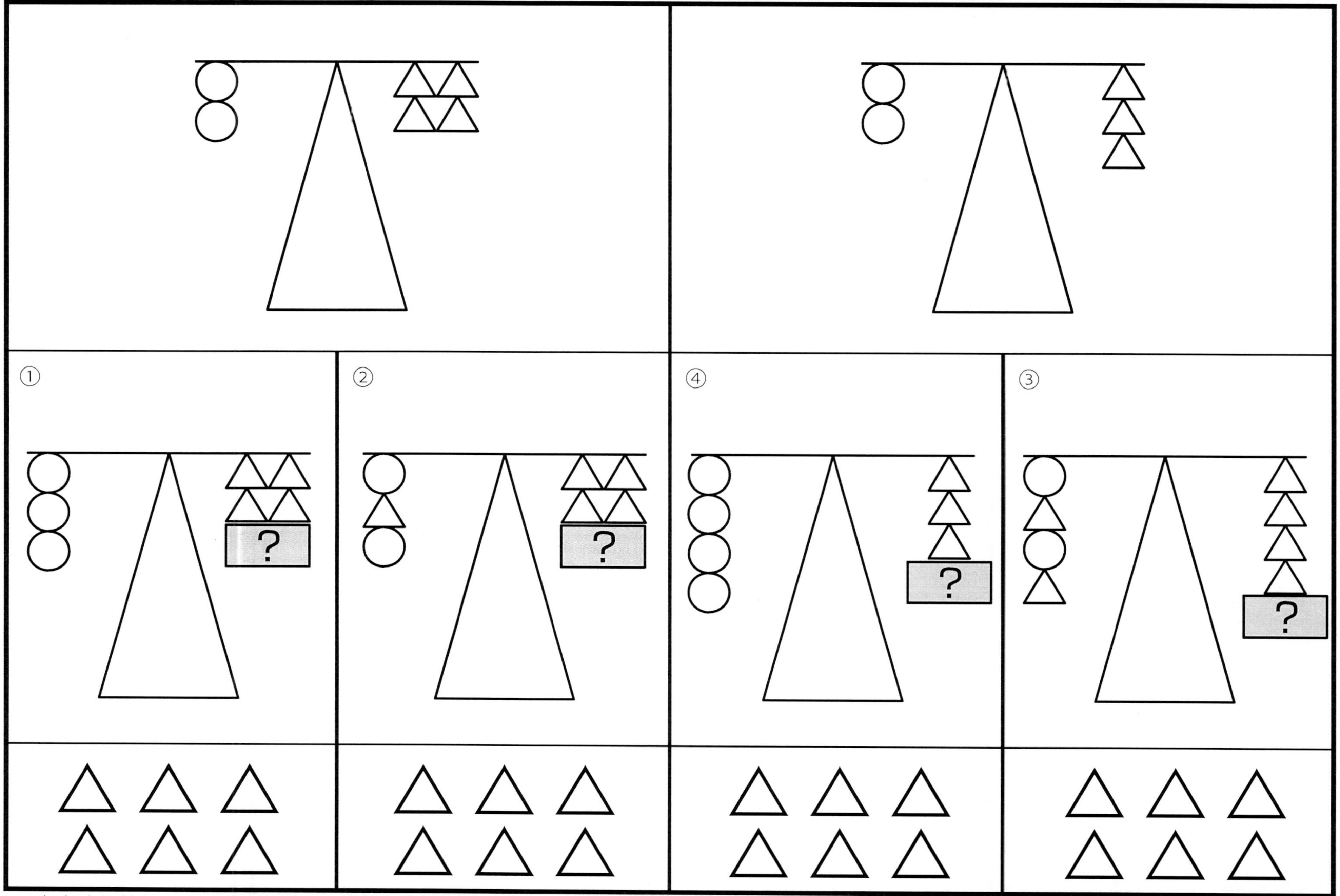

☆附属京都小中学校

2023 年度 京都府版 国立/小学校 過去 無断複製／転載を禁ずる 日本学習図書株式会社

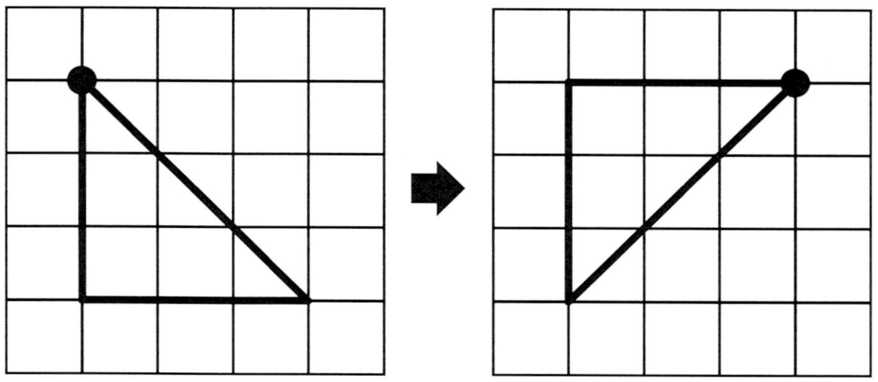

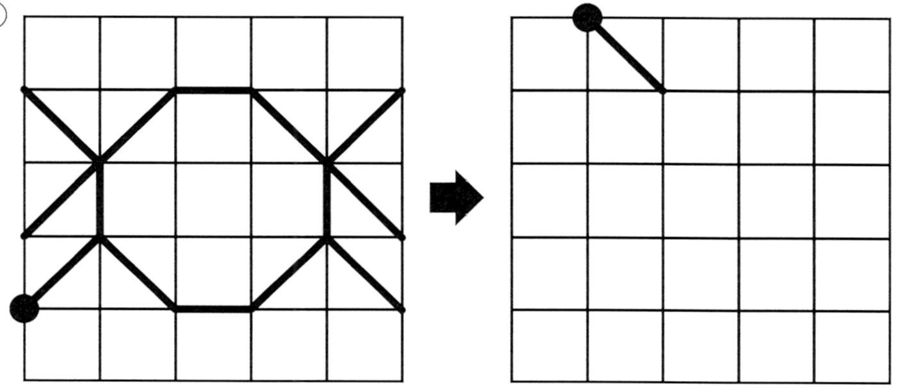

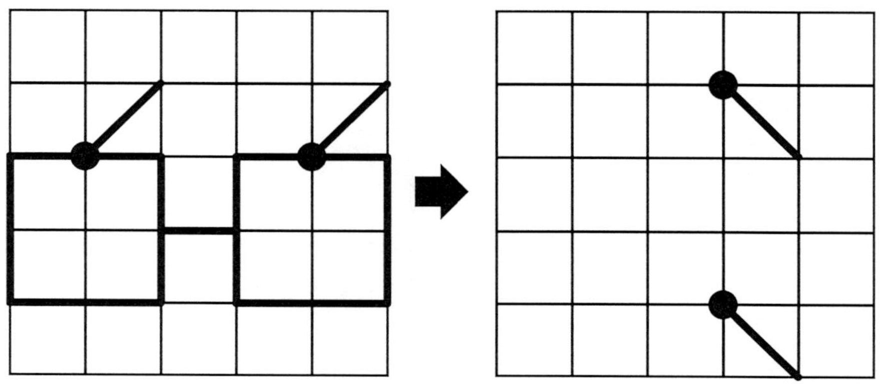

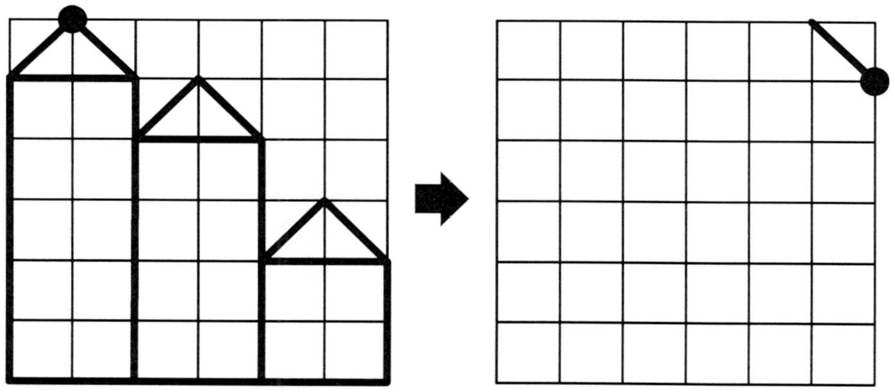

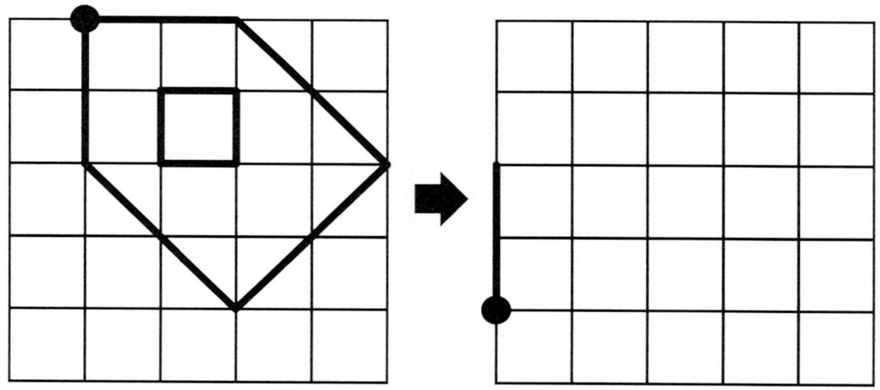

問題33−1

①

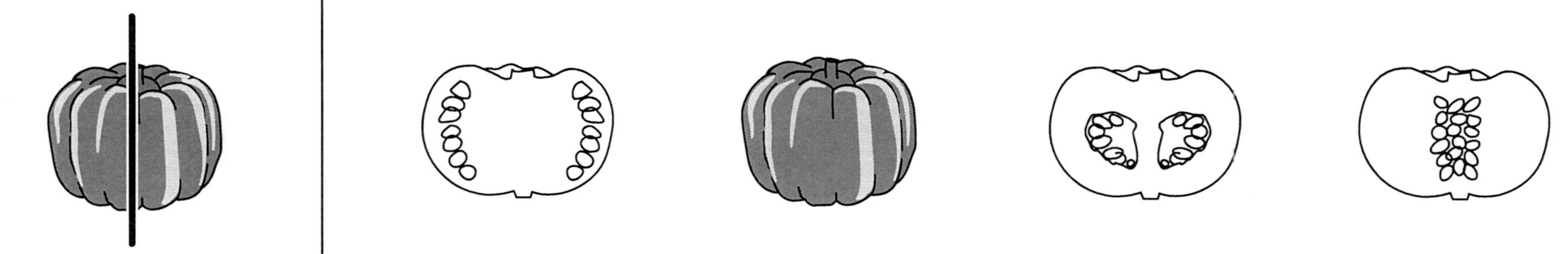

②

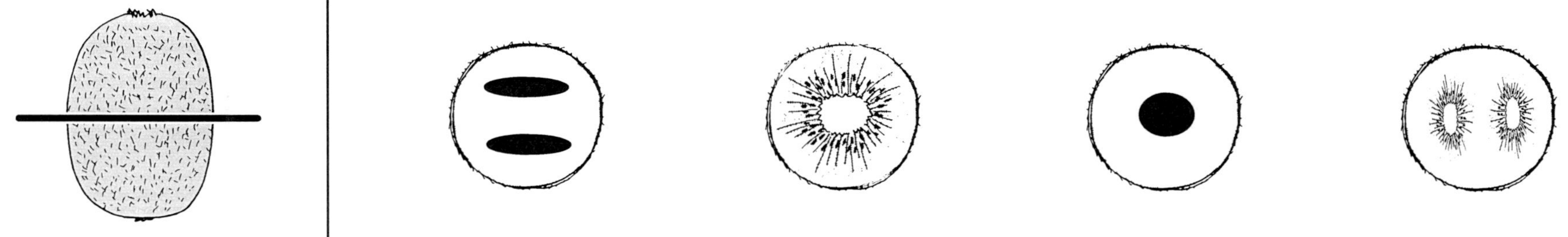

③

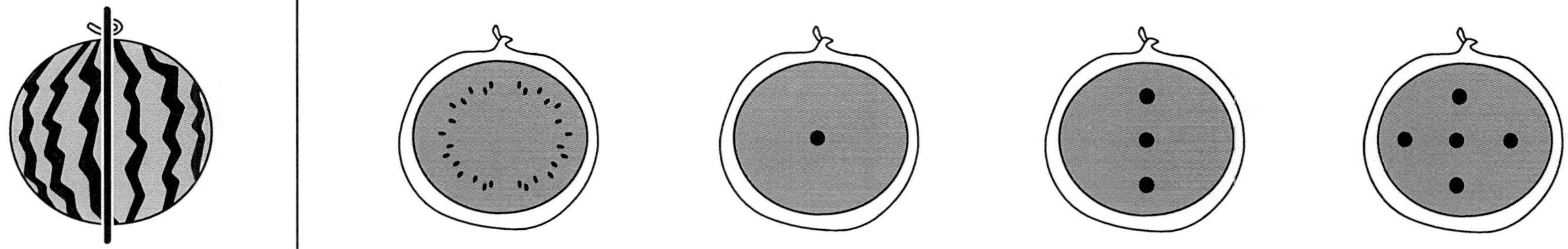

④

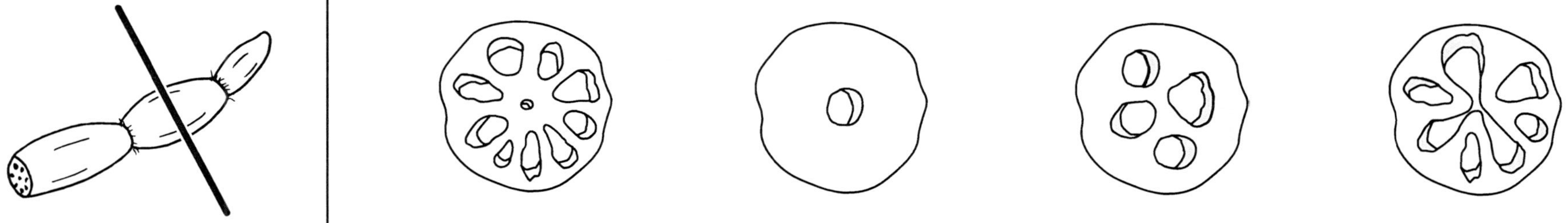

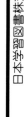

問題３３－２

⑤

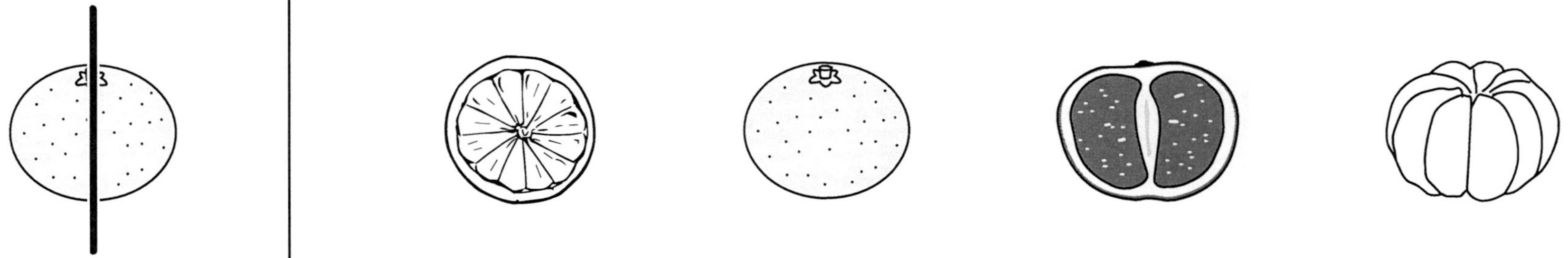

⑥

⑦

⑧

問題３４

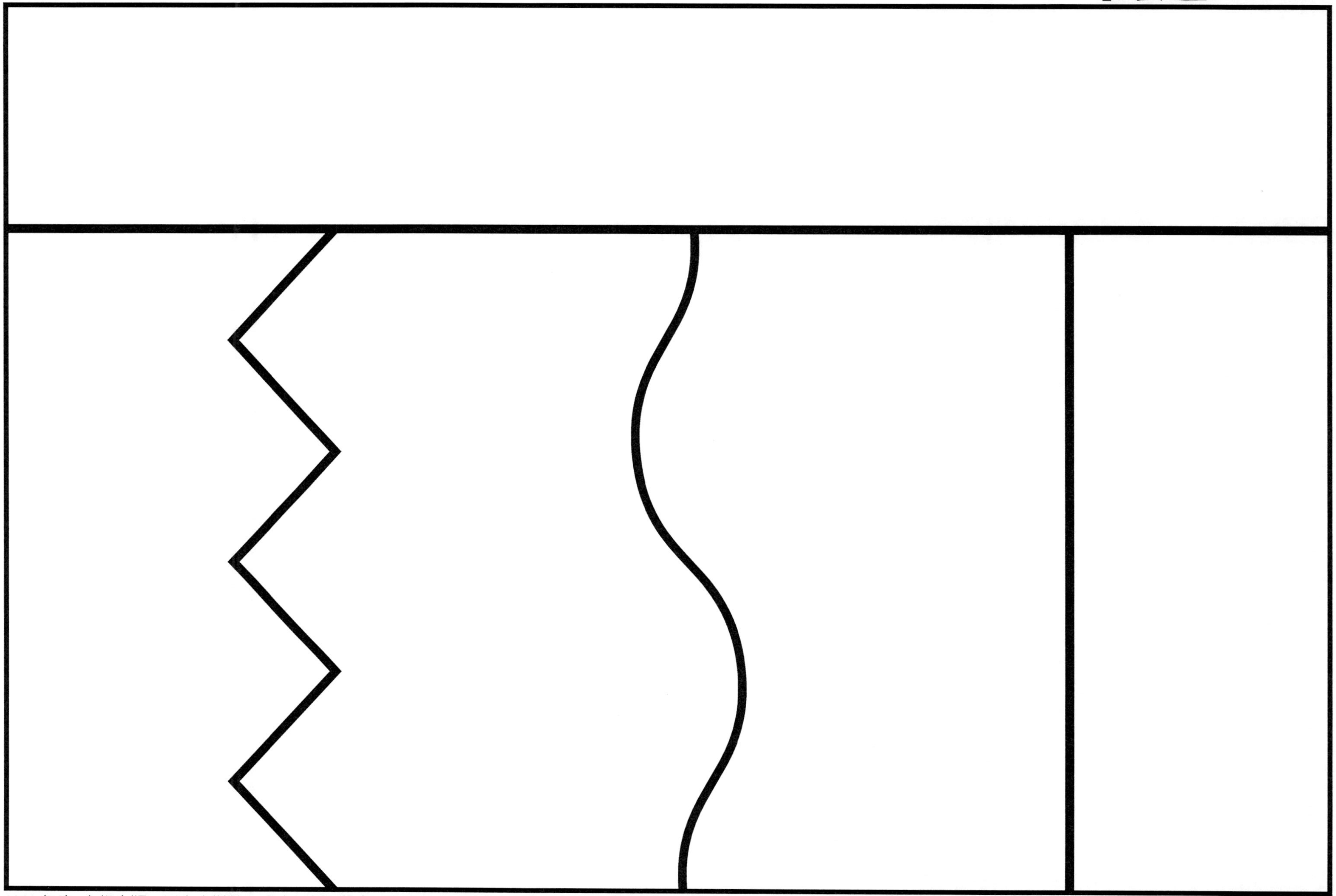

問題３６

①でんぐり返し

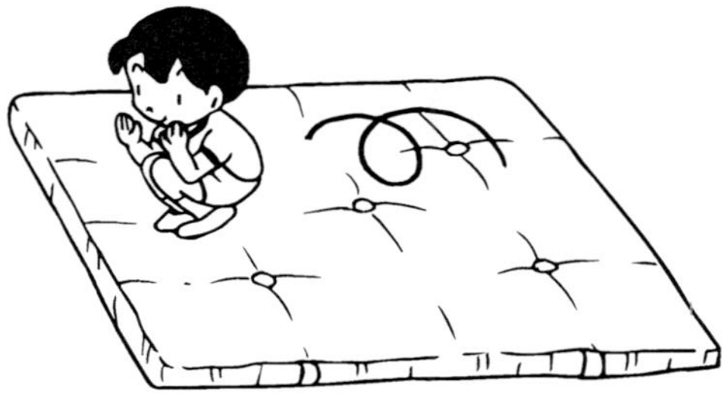

②ケンケンパー

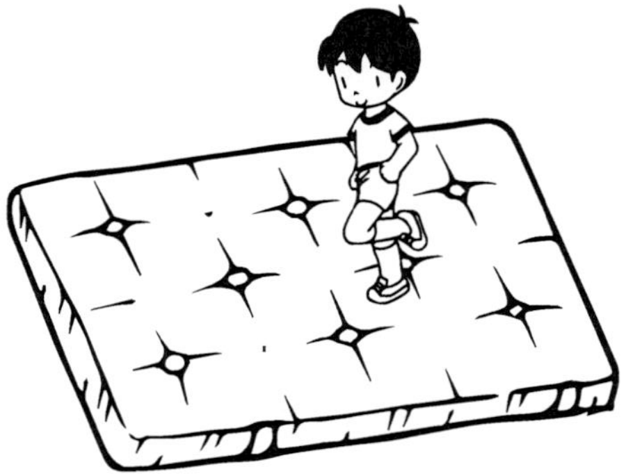

③平均台渡り

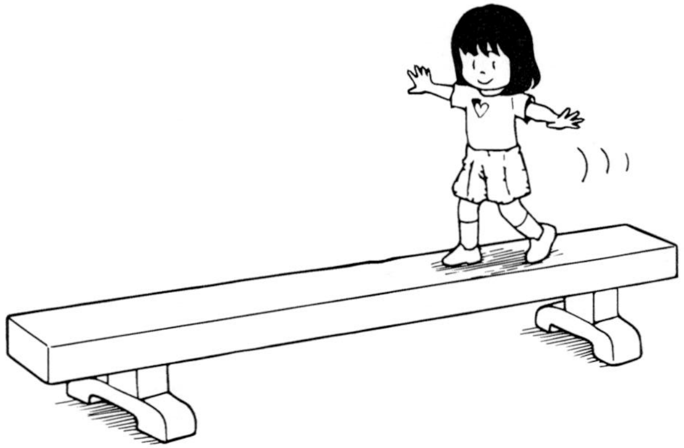

④階段ゲーム

チーン
（左足を台に乗せる）

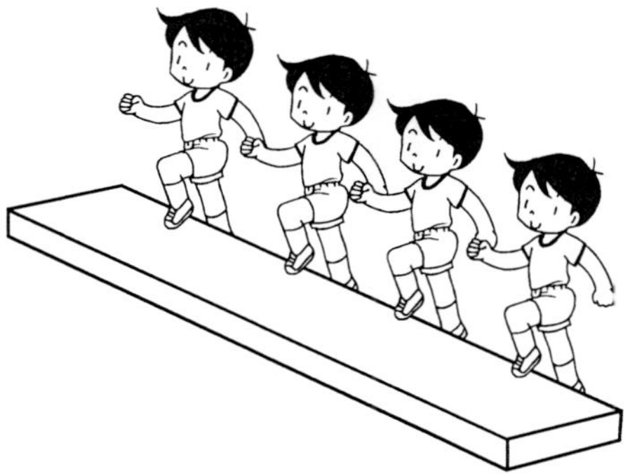

カン
（右足を台に乗せる）

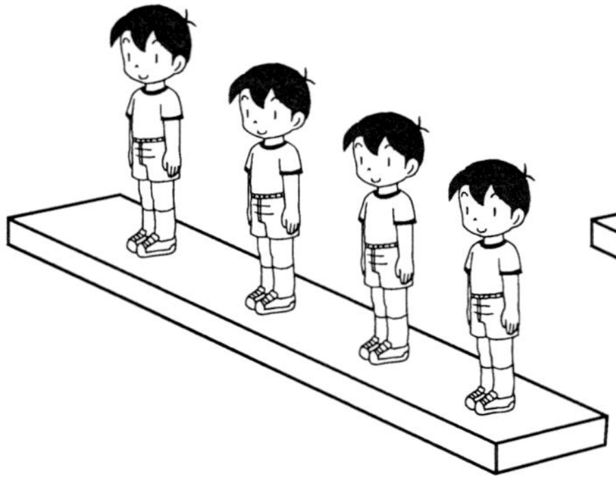

カン
（右足を床に下ろす）

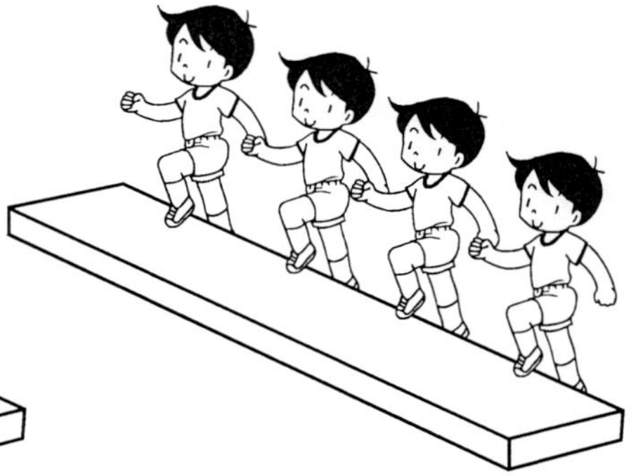

カン
（左足を床に下ろす）

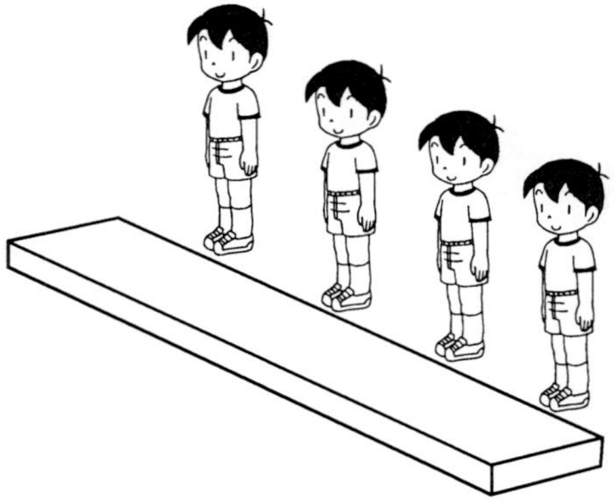

日本学習図書株式会社

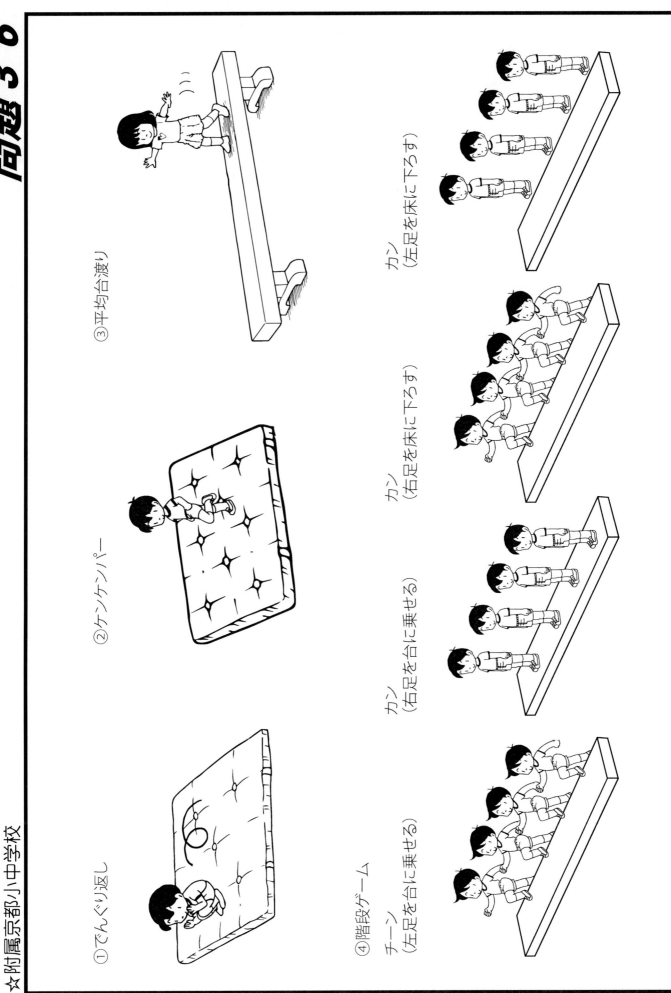

☆附属京都小中学校

① ② ③

2023年度 京都府版 国立小学校 過去 無断複製／転載を禁ずる 日本学習図書株式会社

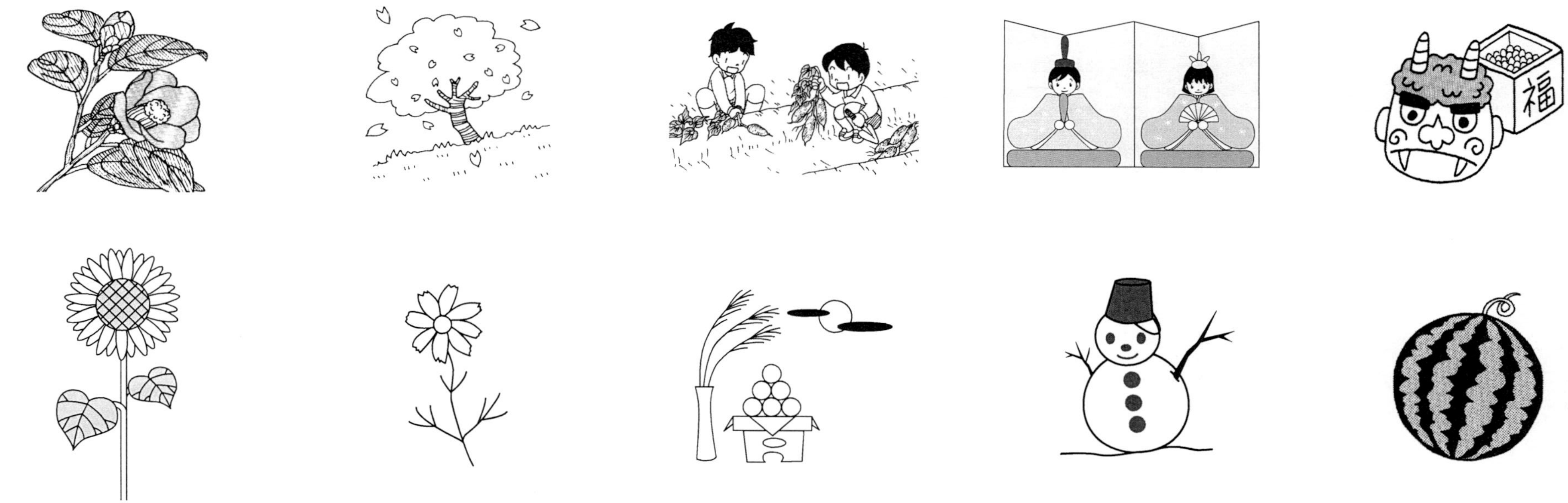

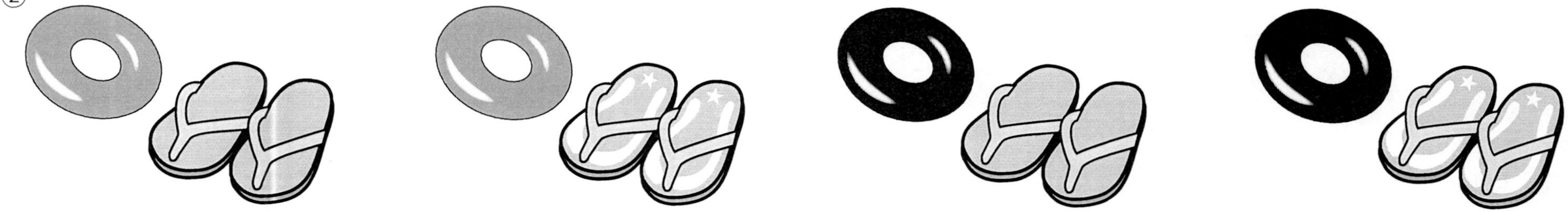

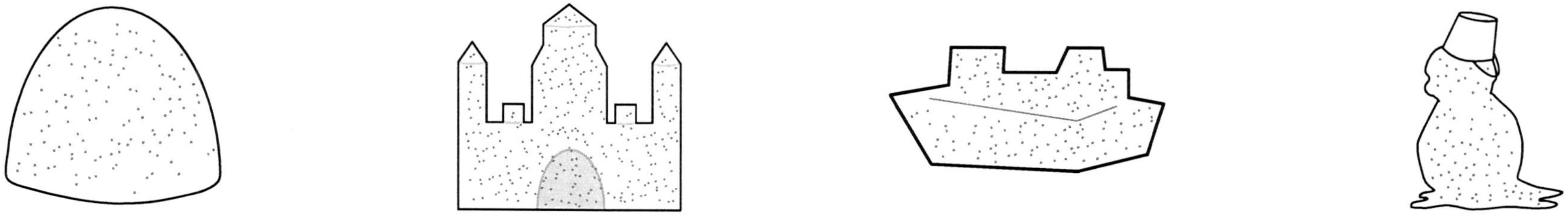

☆附属京都小中学校

問題38－2

④

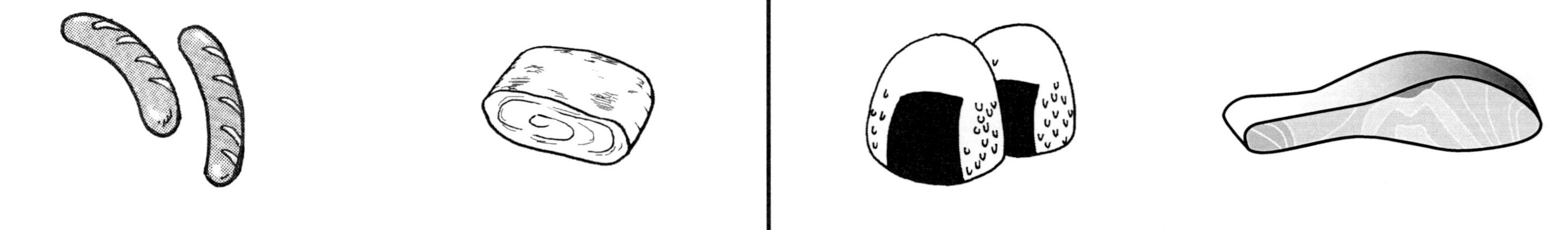

⑤

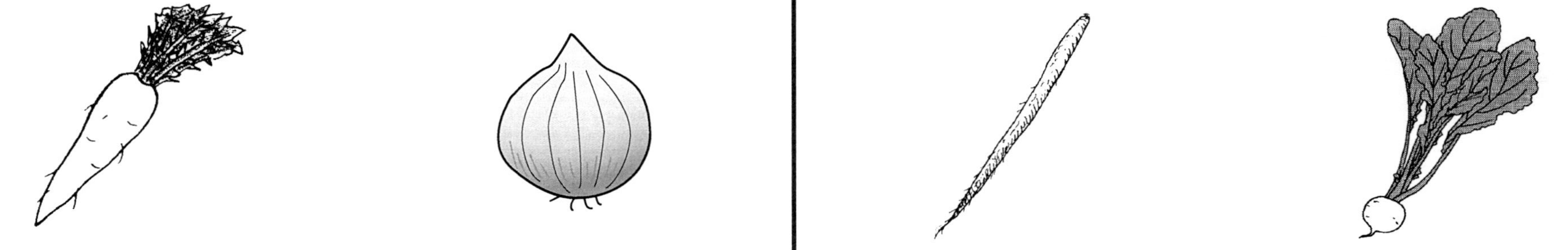

⑥

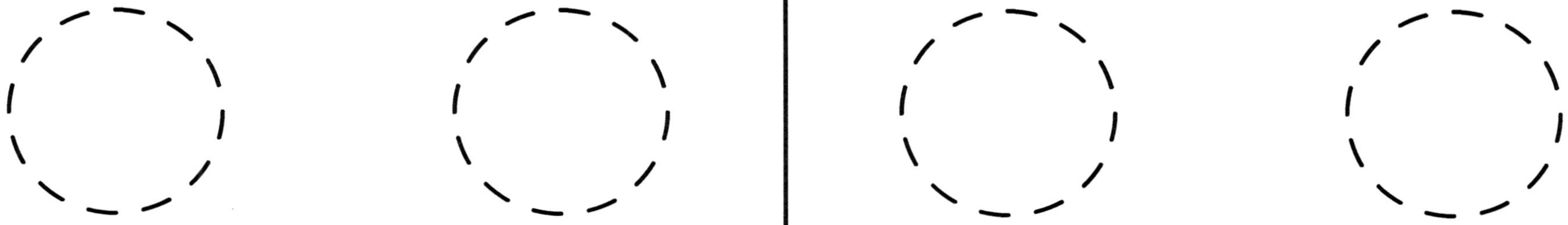

⑦

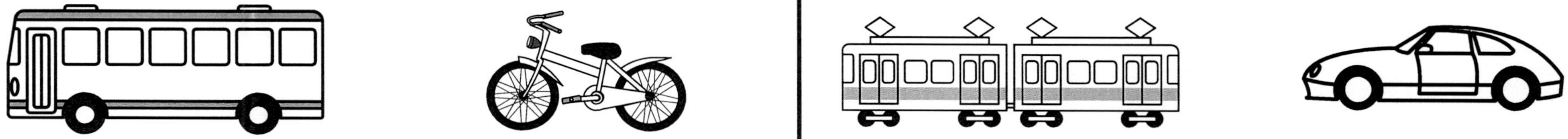

日本学習図書株式会社

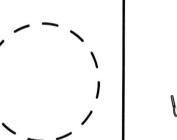

問題３９－１

　　日本学習図書株式会社

問題３９－２

⑤

⑥

⑦

日本学習図書株式会社

日本学習図書株式会社　無断複製／転載を禁ずる　2023 年度 京都府版　国立小学校　過去

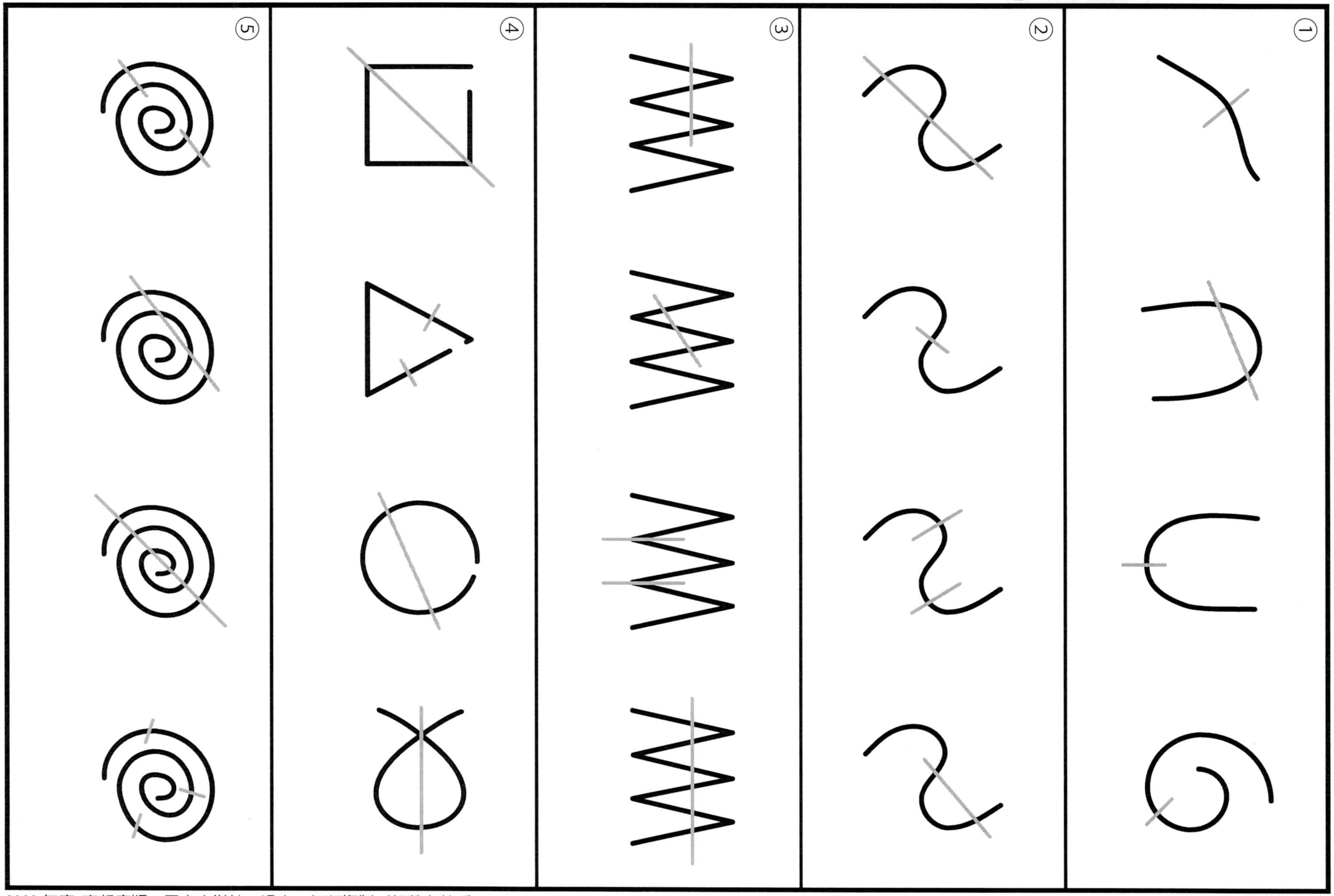

☆附属京都小中学校

問題40－2

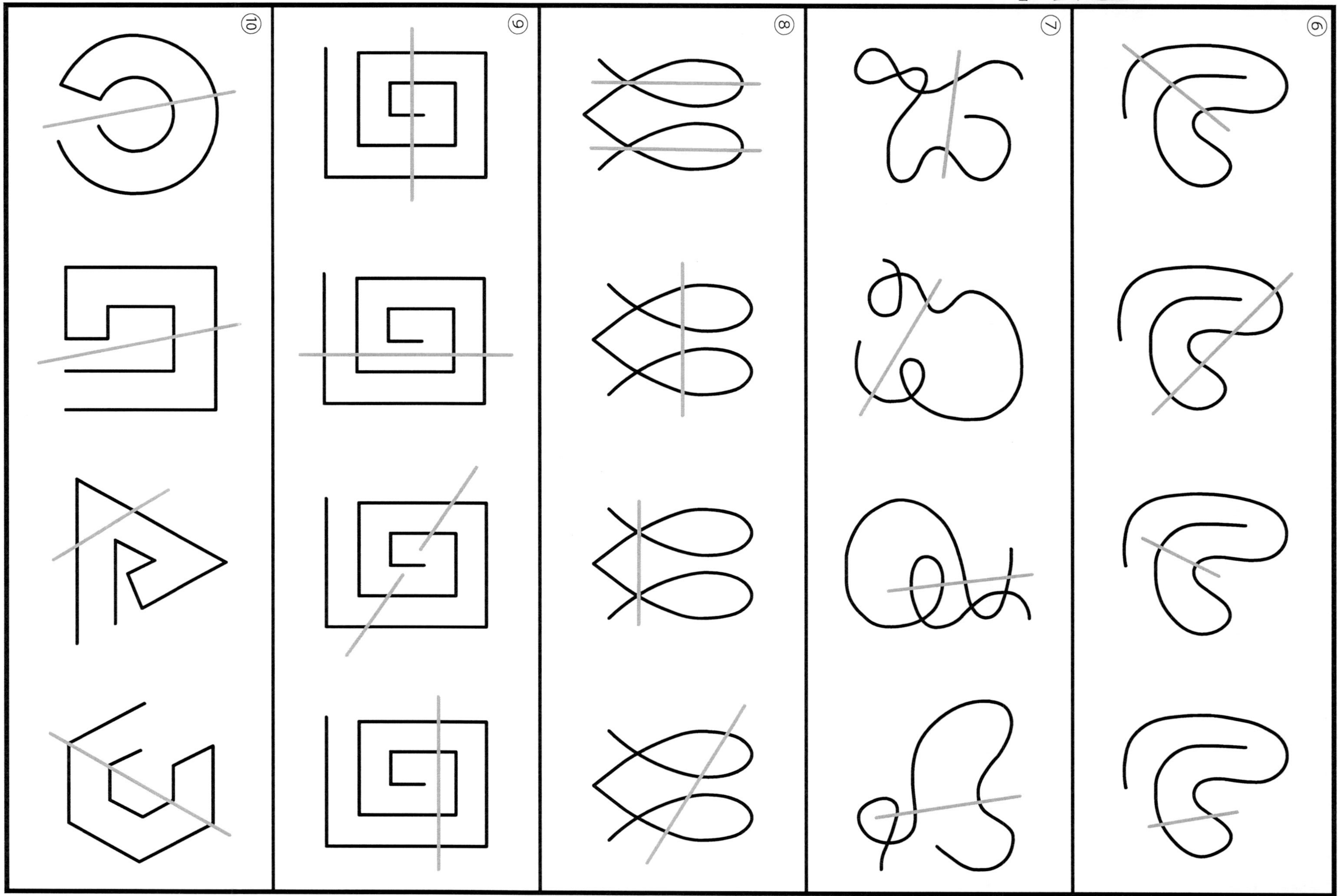

問題 4 1 - 1

☆附属京都小中学校

日本学習図書株式会社

2023年度 京都府版 国立小学校 過去 無断複製／転載を禁ずる

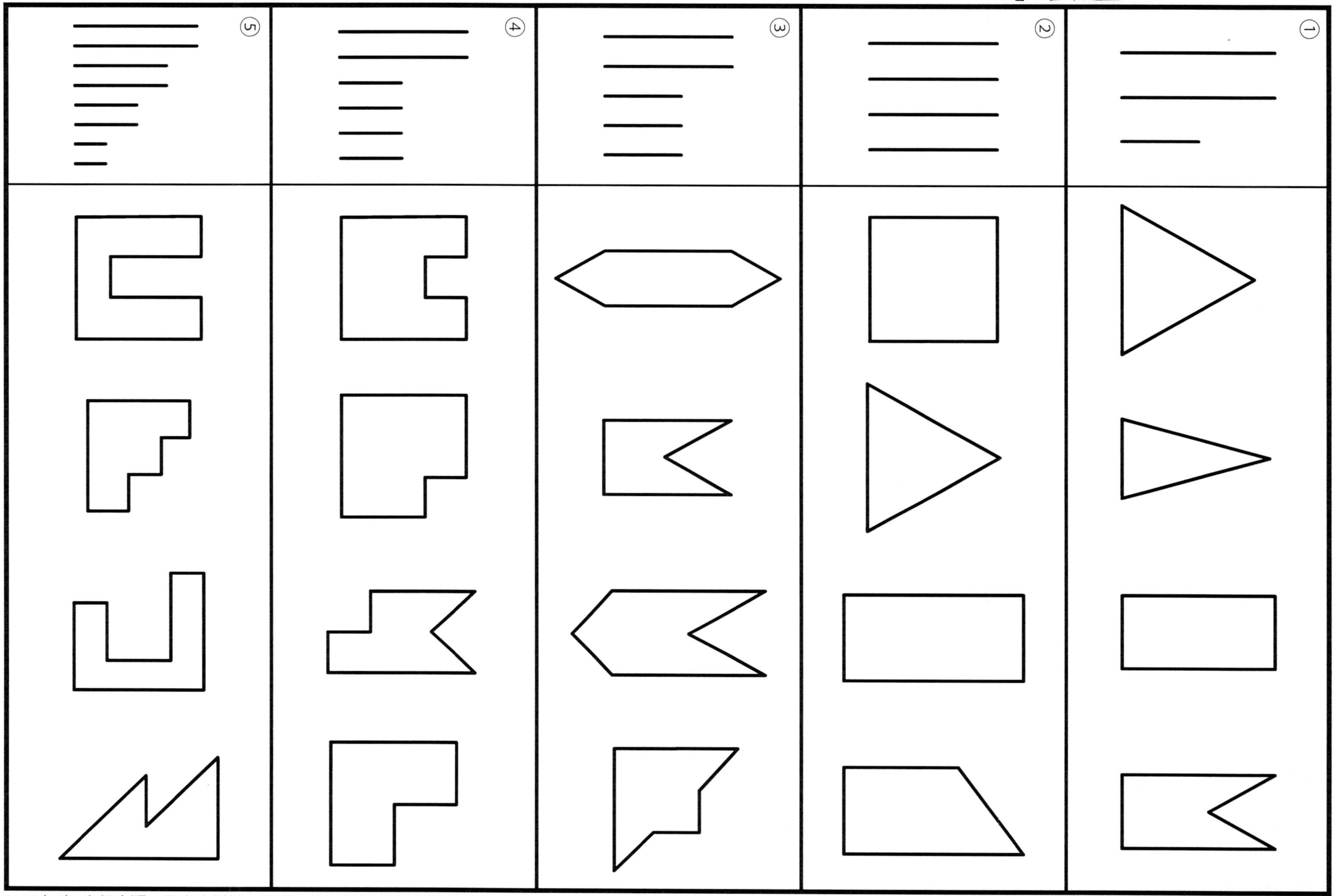

⑧

⑨

⑩

☆附属京都小中学校

日本学習図書株式会社

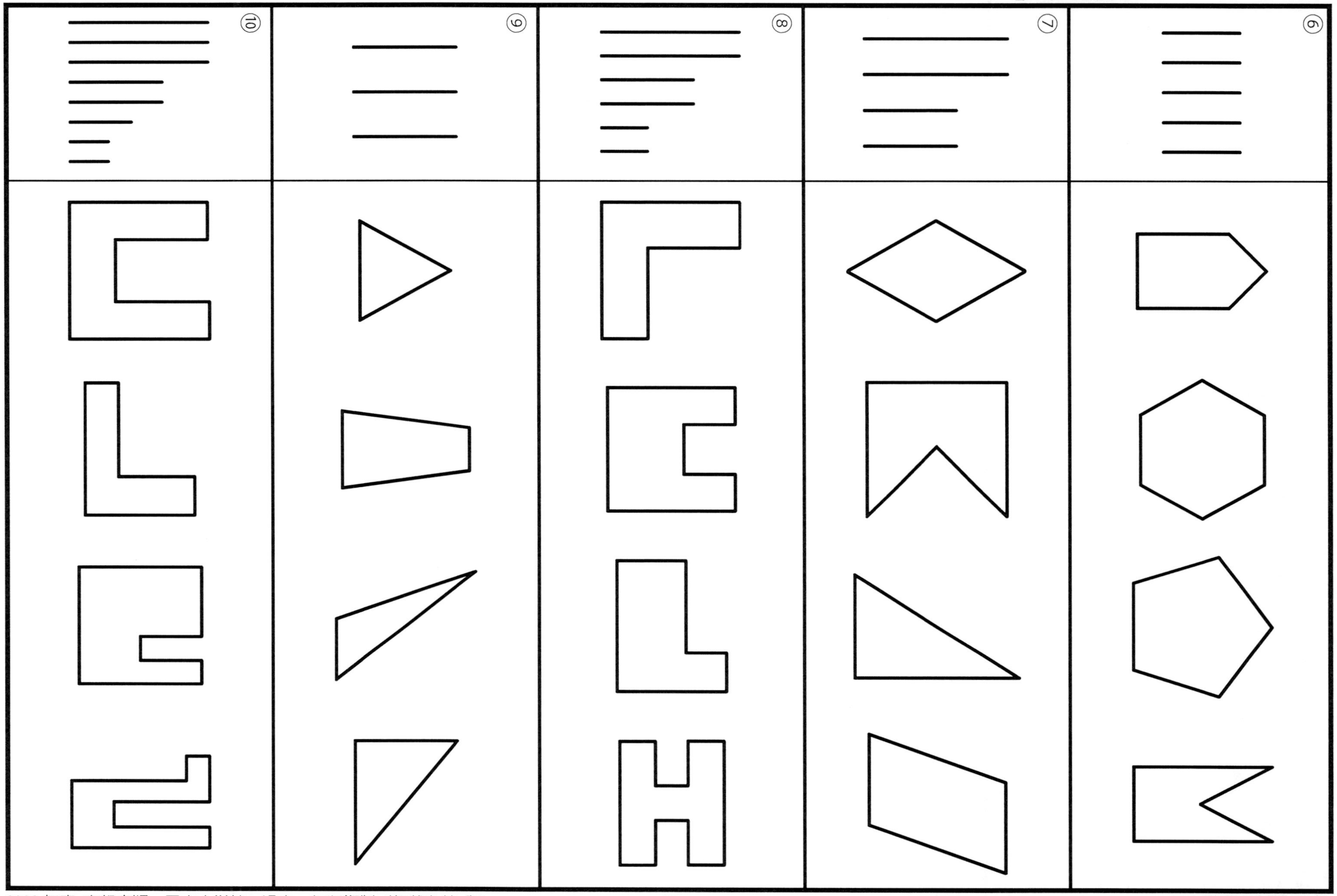

2022年度入試
解答例・学習アドバイス

解答例では、制作・巧緻性・行動観察・運動分野の問題の答えは省略しています。こうした問題では、アドバイスを参照し、保護者の方がお子さまの答えを判断してください。

問題1　分野：数量（同数発見）

〈解答〉　下図参照

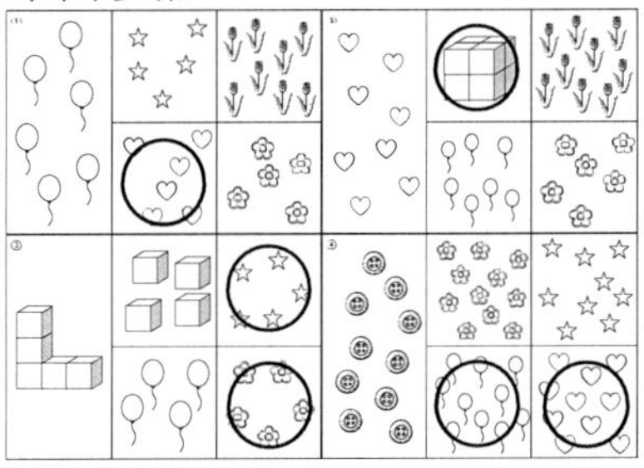

数を数え、同数のものを見つける問題です。指を使わずに、目視で数を数えられるようになるのが理想です。慣れるまでは難しく感じられるでしょう。数的感覚を養う機会は、日常生活の中にたくさんあります。食事の準備をする際、家族の人数を数え配膳する。買い物に行ったとき、品物を数えながらカゴに入れる。などといった形で日頃から数を数える機会を作るとよいでしょう。また、10以上の数が混ざっているのも本問の特徴です。小学校受験では10までの数はすぐに数えられるとされています。それを超える数にもしっかりと対応できるように練習しておく必要があります。

【おすすめ問題集】
Ｊｒ・ウォッチャー14「数える」

問題2　分野：推理（座標の移動）

〈解 答〉　下図参照

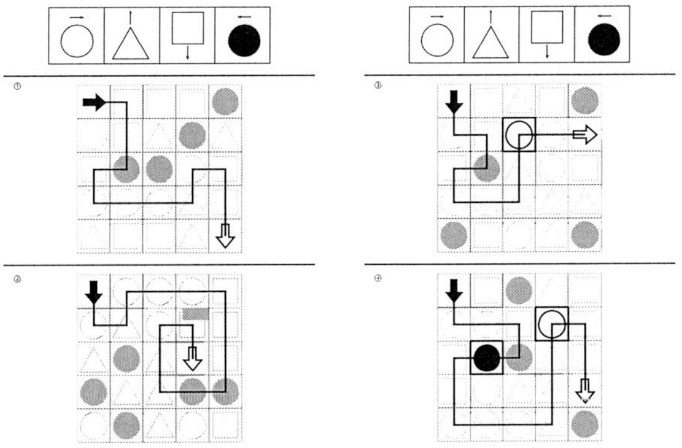

お約束通りに座標を移動させ、目的地まで行けるようにする問題です。指示をしっかりと理解し、根気強くていねいに座標の移動を行うことが大切です。①②はスタートの位置とゴールの位置、及びお約束通りの指示を正確に理解できていれば問題なく解答ができるはずです。しかし、③④には何も書かれてない四角があります。指示通りにスタートから進むだけでは解答にたどり着けません。ゴールから逆方向にたどってみるなどの工夫が必要になります。迷路などと同じで、スタートとゴールの位置からある程度どのように動くのかを推測することで、より早く解答を行うことが出来るでしょう。慣れるまでは空欄のない類題でお約束通りに座標を移動させることを練習し、慣れてから空欄のある問題に取り組むとよいでしょう。

【おすすめ問題集】

Ｊｒ・ウォッチャー２「座標」、47「座標の移動」

問題3　分野：巧緻性（運筆）

〈解 答〉　省略

枠からはみ出さないように、ていねいに線を引く問題です。本問の枠は比較的広いので、難なく線を引くことができると思います。一方で、テスト本番では緊張してしまい、線がうまく引けなかったり、集中して問題に取り組めなかったりするお子さまも見受けられます。本問で問われているのは、線をどれだけきれいに引くことが出来るか、という点よりも、課題に取り組む姿勢などの環境点の方が大きいでしょう。試験官が見守る中でも集中し実力が発揮できるように、ふだんから筆記用具の使い方を練習し、しっかり線を引くことができるように準備しておきましょう。

【おすすめ問題集】

実践ゆびさきトレーニング①・②・③

Ｊｒ・ウォッチャー51「運筆①」、52「運筆②」

問題4　分野：指示の聞き取り（男子）

〈解 答〉　省略

口頭指示に沿って、解答用紙に記憶した記号を書き込む問題です。あまり多く出題される分野ではありません。極端に難しい指示が出るわけではないので、落ち着いて指示通り書き込みましょう。お子さまが話をしっかりと聞き、理解しようとする姿勢ができているかという点については、学習外でも確認しましょう。また、大きな記号・小さな記号、右に数個、といった上下・大小も含めた指示がありますので、一つ目の指示の時点で解答欄いっぱいに記号を書いてしまうと書ききれなくなる場合もあります。解答用紙に合ったサイズで適切な場所に書く、という点にも気をつかえるように指導しましょう。

【おすすめ問題集】

Ｊｒ・ウォッチャー19「お話の記憶」、ウォッチャーズアレンジ問題集①

問題5　分野：指示の聞き取り（女子）

〈解 答〉　省略

前問と同様に、口頭指示に沿って図形を書き込む問題です。男女での差は記号の出題順、個数のみでした。上記アドバイスを参考にしつつ、類題演習を行うとよいでしょう。また、図形を塗る際に、無理に筆圧をかけて塗りつぶすと鉛筆の芯がすぐになくなってしまいます。適度な筆圧で塗れるように指導をしてください。

【おすすめ問題集】

Ｊｒ・ウォッチャー19「お話の記憶」、ウォッチャーズアレンジ問題集①

問題6　分野：知識（季節・常識）

〈解答〉　下図参照

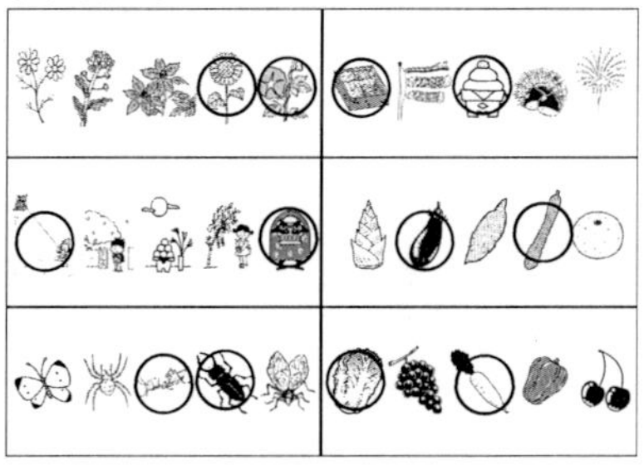

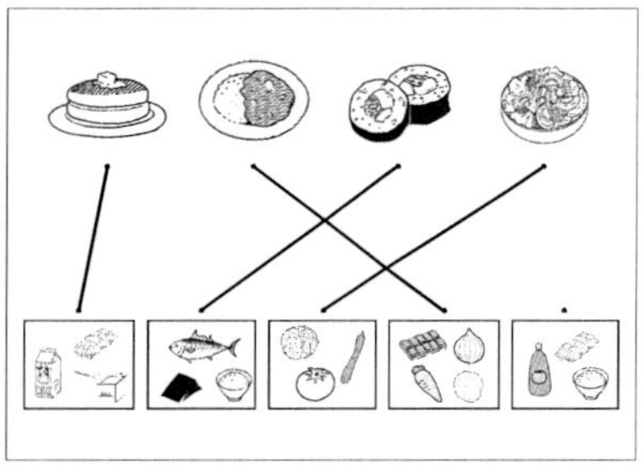

本問では日常生活にまつわる常識的知識が問われています。座学で習得できる知識には限りがあります。ぜひ実体験として季節や行事、料理の材料などの知識を身につけてください。体験するのが難しい場合でも、図鑑や動画などで、その様子を確認することができます。目で確認したうえで、そのものがどの季節に該当するかを学習してください。料理に関しては、実際にお手伝いをした経験が如実に出る問題となっています。絵を見て料理名は答えられると思いますが、材料までしっかりと把握しているでしょうか。ぜひ一緒に台所に立って、色々なことを教えてください。野菜をちぎる、分量を量る、などといった形で積極的に行動する意識や、数量などに関する能力も同時に向上させることができます。

【おすすめ問題集】

Jr・ウォッチャー27「理科①」、30「生活習慣」、34「季節」、55「理科②」

問題7　分野：図形（鏡図形）

〈解答〉　省略

鏡に映した図形を横に書く、という問題です。鏡に映る図形は線対称になる、ということを理解しているかが鍵となるでしょう。実体験においてその感覚をお子さまが持っているか、という点がこの問題の理解につながります。左右の感覚がしっかりあることを確認し、鏡を見ながら左手だけ動かす、右手だけ動かす、などといった形で線対称になるということへの理解を深めてください。また、保護者の方が鏡の前に立って片方の手を動かし、お子さまがそれを真似する、という形でも十分に理解が深まります。是非、色々な形で鏡に映した形の理解を深めてください。なお、図形を書き写す際は、しっかりと「どの点からどの点まで、どのような線でつなぐ」といった、図形の構成に対しての理解の深さも必要です。様々な類題を通して、慣れていくとよいでしょう。

【おすすめ問題集】

Jr・ウォッチャー８「対称」、48「鏡図形」

問題8　分野：言語（しりとり）

〈解答〉　①（○→）□→○→●、②（△→）□→△→●、③（○→）△→△→●

しりとりをする問題ですが、はじめの言葉が文字数のみ指定されている状態となっており、難易度は通常のしりとりより高く設定されています。まずは全ての絵に対して、正しい名称で答えられるかどうかを確認しましょう。お子さまは言葉を覚える際に、あだ名をつけたり、そのものの特徴で認識している場合があります。正しい名称を言えるかどうか、という点については、しりとりなどの言葉あそびの設問において重要な要点になります。全ての絵が答えられたら、実際にしりとりをして４つがつながるように並べていくことになりますが、その際に初めの言葉に文字数の指定があることを忘れないようにしましょう。しりとりが完成したら、上のお約束通りに記号を書くことも忘れないようにしてください。見直しをする習慣をお子さまに教えるとより失点が少なくなります。

【おすすめ問題集】
Ｊｒ・ウォッチャー17「言葉の音遊び」、18「いろいろな言葉」、
49「しりとり」、60「言葉の音（おん）」

問題9　分野：巧緻性（制作）

〈解答〉　省略

線に沿ってはさみで切り取る問題です。湾曲していたり、角があったりと形状としては少し複雑ですが、線の太さは一定の幅があり、切り取るという行為においては難しくないでしょう。落ち着いて指示を聞き、紙の方向を回転させて切る部分などにも注意しましょう。なお、当校ではハサミを使う問題において利き手に合わせて問題を反転したものを使用しますが、他校においてこのような配慮はあまり見受けられません。当校を受験される際は問題ないのですが、左利きのお子さまは他校の入試において逆利きのハサミを使用することになり、苦労する場合もあります。右利きのハサミで切ることが出来るように、慣れておくとよいでしょう。

【おすすめ問題集】
実践ゆびさきトレーニング①・②・③、Ｊｒ・ウォッチャー23「切る・貼る・塗る」

問題10　分野：口頭試問（女子）

〈解 答〉　省略

口頭試問と巧緻性を複合させた問題の出題が多く見られます。普段の生活や、お子さまの考えを自分の口でしっかりと話せていれば、問題なく答えることが出来るでしょう。自分の意見をはっきりと述べる、という機会をつくり、積極的に物事を考えて発表する習慣を身につけておきましょう。ひもを結ぶ問題に関しても、素直に指示を聞けるかを問われています。緊張しすぎずに、ふだん通りの自分を見せることができるかが、問題のポイントとなるでしょう。

【おすすめ問題集】
新口頭試問・個別テスト問題集、新ノンペーパーテスト問題集、面接テスト問題集
Jr・ウォッチャー25「生活巧緻性」

問題11　分野：口頭試問（男子）

〈解 答〉　省略

前問同様、口頭試問の基本的なことができていれば問題なく解答することが可能でしょう。②のような、木の実と木の葉で何ができるか、という質問に対して、日頃どのように遊んでいるかで解答が変化すると思いますが、普段から自然の中で遊ぶ機会を作り慣れ親しんでおくとよいでしょう。また、弁当箱を包んで結ぶ、という巧緻性を問われる問題に関しては、幼稚園の遠足などでお弁当を開けたことがあれば、なんとなく同じようなものを作ることはできるでしょう。自分の弁当箱を包む、などといった家庭でのお手伝いの一環として学習させるとよいでしょう。

【おすすめ問題集】
新口頭試問・個別テスト問題集、新ノンペーパーテスト問題集、面接テスト問題集
Jr・ウォッチャー25「生活巧緻性」

問題12　分野：行動観察（運動・集団行動）

〈解 答〉　省略

運動や集団行動において、採点対象となるのは協調性と積極性です。お子さま自身に得意・不得意があるのは前提として、お友達同士で声をかけあって課題に挑戦できるか、という点がまず第一になっています。幼稚園や保育園などで日頃からどのように生活をしているのか、お子さまの行動・考え方などを保護者の方は知ることが大切です。また、指示をしっかり聞けているか、という点も非常に重要視されています。楽しく課題に取り組む姿勢は評価されますが、楽しくなりすぎて指示が聞けない、などの態度をとってしまわないように気をつけてください。

【おすすめ問題集】
新運動テスト問題集、Ｊｒ・ウォッチャー28「運動」、29「行動観察」

問題13　分野：巧緻性（塗る）

〈解 答〉　省略

枠からはみ出さないように、ていねいに色を塗らなくてはなりません。色を塗る対象は、大きな部分もあれば、細かな部分もあります。特に細かな部分をはみ出さずに塗るのは、ふだんからぬり絵に親しんでいないお子さまにとっては難しい課題でしょう。また、ペンの正しい持ち方や線の強弱は、ていねいに影響してきます。筆記具の正しい持ち方について身につけておきましょう。３つの絵すべてを塗りきることやきれいに塗ることももちろん大切ですが、課題にどれだけ集中し、どれだけていねいに行えているかも観られていると思ってください。テスト本番では緊張してしまいます。そんな中でも集中し実力が発揮できるように、ふだんから準備しておきましょう。

【おすすめ問題集】
実践ゆびさきトレーニング①・②・③、Ｊｒ・ウォッチャー23「切る・貼る・塗る」

問題14　分野：数量（数える）

〈解答〉 ①カギ：4　カサ：2　②△：2　5角形：1
③○：10　△：8

10以下の数を数える基本的な問題です。落ち着いて1つひとつ数えれば確実に解答できるでしょう。中でも物を数える問題では、お子さまは一瞬でいくつあるか見極められると思います。もしなかなか数が把握できないようでしたら、練習する際にはおはじきなどの実物を用いて練習し、数の概念を身に付けるところから始めるとよいでしょう。図形の問題は、全く同じものを探す問題です。大小や形の違いに惑わされずに同じ物を見つけられるよう、集中して取り組みましょう。

【おすすめ問題集】
Ｊｒ・ウォッチャー14「数える」

問題15　分野：推理

〈解答〉 下図参照

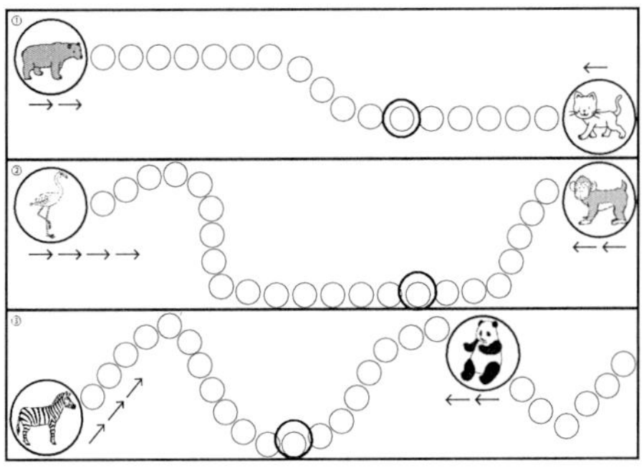

「推理」・「図形」分野の複合問題です。それだけではなく、進むマス目を数えると10以上の数にもなるため、数を足したり引いたりするといった、数に対する理解も必要になってきます。１つひとつを数えても答えは出ますが、テストでは時間内に解答することも大切です。素早く正確に解答するために、数えることや計算することに対する感覚を身に付けたほうがよいでしょう。また、どの方向にいくつ進むかは問題によってバラバラです。まずは指示を正確に聞くことから始めてください。

【おすすめ問題集】
Ｊｒ・ウォッチャー31「推理思考」、47「座標の移動」

問題16　お話の記憶（男子）

〈解 答〉　①カレー　②チョコレート、バナナ　③ジャガイモ、ニンジン、タマネギ

お話の記憶は、一昨年度より当校で出題されるようになった分野です。昨年、一昨年度との違いは、男女で出題が異なるという点と、話の長さが150字弱と短くなった点です。話の内容はどちらとも日常生活を扱ったもので、特に難しいものではありません。男子の問題では女の子が主人公、女子の問題では男の子が主人公という点が異なります。自分と違う性別の主人公には感情移入しにくいという意味ではちょっと変な感じがするかもしれませんが、質問される内容は基本的なものばかりですので、集中してお話を聞くようにしましょう。

【おすすめ問題集】
1話5分の読み聞かせお話集①・②、お話の記憶　初級編・中級編
Ｊｒ・ウォッチャー19「お話の記憶」

問題17　分野：お話の記憶（女子）

〈解 答〉　①鉄棒、ジャングルジム　②アメ、ドーナツ　③砂場

女子の問題です。男子と同様150字弱という短いお話で、日常生活に即したわかりやすい内容です。女のお子さまの中には、公園の遊具には馴染みのない方もいらっしゃるかもしれません。しかし、小学校に入学すれば男女問わずコミュニケーションを取りますし、学内の遊具で遊ぶ機会も増えてきます。日頃から公園や同じ年頃のお子さまが集まる場所で遊べば、身近な物の名前を覚えていくでしょう。短いお話だからこそ、お話の細部にまで目が向けられることが必要です。お話の内容が覚えられていないようであれば、何度もくり返して読み聞かせましょう。

【おすすめ問題集】
1話5分の読み聞かせお話集①・②、お話の記憶　初級編・中級編
Ｊｒ・ウォッチャー19「お話の記憶」

問題18　分野：複合（常識・推理）

〈解 答〉　①キク　②テントウムシ　③カキ

「季節」に関する知識を問う常識の問題は、当校の入試における頻出分野の1つです。小学校受験の常識に必要な知識は、日々の生活や身近な遊びの中でお子さま自身が学習し、身に付けていくべき知識です。しかし、昨今の住環境の変化や温暖化などで、動植物を通して季節を感じることが少なくなっていると言われますから、問題集を解いてばかりいると実感のないまま知識を蓄えることになり、これから先の生活に役立つような「常識」となるかは微妙なところでしょう。道端の昆虫や花に目を向けたり、旬の食材を取り入れたりするなどして意識的に学んでください。なお、地域が違ったり、環境の変化によって、花の開花時期や、虫がよく見られる時期が変化しています。小学校受験の季節感と一般的なそれでは感覚的に異なっている場合があります。注意しておいてください。

【おすすめ問題集】
Ｊｒ・ウォッチャー34「季節」

問題19　分野：推理（置き換え）

〈解 答〉　下図参照

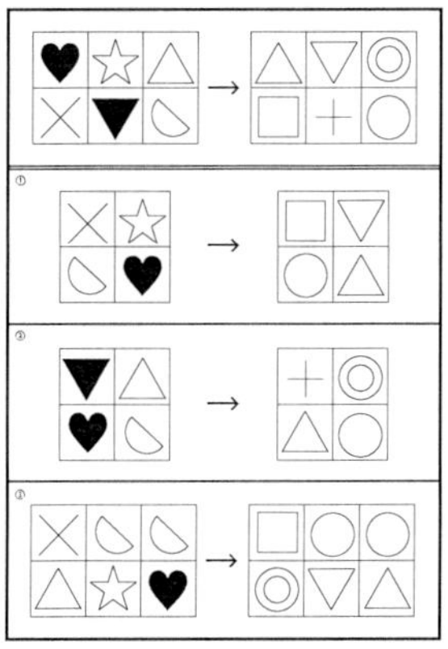

記号を別の記号で表す「置き換え」の問題です。全部で６種類の記号を置き換えるだけですから複雑なものではありません。落ち着いて取り組めば大丈夫でしょう。お手本の指示を全部覚えてから取り組むのもいいですが、お子さまの性格や理解度に合わせて解き方を変えてみるといいでしょう。マス目の中に記号を書くため、はみ出さないようにていねいに書けるかも観られています。ただ答えを書くだけではなく、マス目の中にきれいに記号が書けた方が印象がよいということです。

【おすすめ問題集】
Ｊｒ・ウォッチャー57「置き換え」

問題20　分野：図形（座標の移動）

〈解答〉　下図参照

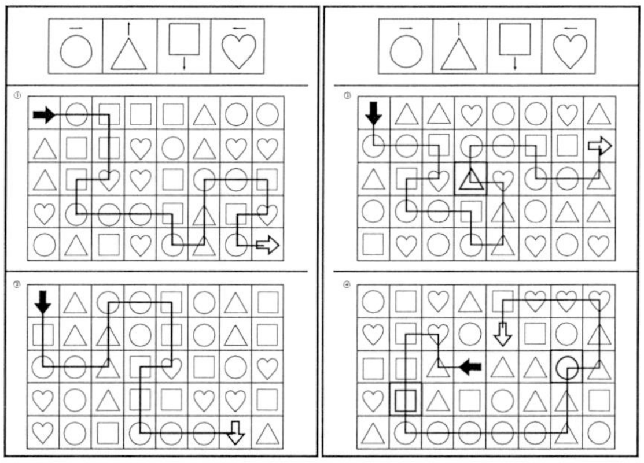

座標の移動の問題です。指示をしっかりと理解し、根気強く１つひとつていねいに行うことが大切です。①はスタートの位置とゴールの位置を正確に把握できていれば難しくはないでしょう。しかし、②には何も書かれていないマスがあります。指示通りにスタートから進むだけではなく、ゴールから逆方向にたどってみるなど、工夫をして解かなければなりません。座標の移動は、実生活ではなかなか体験できないものばかりですので、練習ではさまざまな問題に触れることで、視野を広げていくようにしましょう。

【おすすめ問題集】

Ｊｒ・ウォッチャー２「座標」、47「座標の移動」

問題21　分野：知識（理科）

〈解答〉　①右端　②右端　③真ん中　④右から２番目　⑤右から２番目　⑥真ん中

知識の分野、中でも理科の問題は当校で頻出の分野です。図鑑や映像から学べる知識だけではなく、本問のように、生活に根付いた知識が問われることも特徴です。本問は濃度を問う問題ですが、「２番目」という指示を聞き逃してしまうと、解答を間違えてしまうかもしれません。注意してください。この問題のような「～の濃さ」といった知識は理屈を学習するというより、日々の体験から理解していくものです。経験があれば１つひとつの問題はじっくり考えればさほど難しくはありません。保護者の方は日々の生活の中でお子さまに様々な体験をしてもらい、興味を持てるようにしてあげてください。

【おすすめ問題集】

Ｊｒ・ウォッチャー27「理科」、55「理科②」

問題22　分野：巧緻性（運筆）

〈解 答〉　省略

運筆の問題です。筆記用具の使い方や持ち方、正しい姿勢を最初に覚えておくことが大切です。本問では、よりたくさん書くこともちろん大切ですが、同じ線の引き方をしない、中や外の四角にあたってはいけないなど、指示を正確に理解し、ていねいに取り組むことも大切です。急いだり焦ったりするとその感情が線に出ます。気持ちを落ち着けて、ていねいに線をひくようにしましょう。

【おすすめ問題集】

Ｊｒ・ウォッチャー51「運筆①」、52「運筆②」

問題23　分野：制作（切る、描く）

〈解 答〉　下図参照

①の問題は手で紙をちぎっていく問題です。一気に紙をちぎると失敗してしまうので、両手を上手に使い、ていねいに取り組むようにしてください。お子さまにとって、細かく線の周りをちぎるのは大変難しいことです。どのような紙でも上手にちぎれるように練習が必要です。２枚にするということは、途中のどこかで切り離す必要があるということです。②の自由画は課題画と異なりテーマがありません。あれも描こう、これも描こうと迷っていると、時間内に描ききれないかもしれません。そういった傾向のあるお子さまなら、「自由画ならコレを描く」と、あらかじめテーマを決めておくのも１つの手です。例えば、「幼稚園で遊んだ時の絵」や「お母さんが作ってくれた料理の絵」など、実際にあったこと、経験したことをテーマにするのです。

【おすすめ問題集】

制作問題集、実践　ゆびさきトレーニング①・②・③

Ｊｒ・ウォッチャー23「切る・貼る・塗る」

問題24　分野：複合（巧緻性・口頭試問）

〈解答〉　省略

口頭試問は男子と女子に分かれていますが、難易度に差はありません。面接に際して、名前、家族、幼稚園、受験する学校についてなど基本的な事柄をきちんと答えられるようにしておいてください。当校の口頭試問では、答えに対して「どうしてですか」と聞かれます。そうした追加の質問がありそうな場合には、理由まで答えられるように準備しておくといいでしょう。参考までに、過去の面接では、大切な人、お父さん（お母さん）を好きな理由、好きな絵本の名前、好きなスポーツ、宝物についてなどが質問されています。確認しておいてください。箸使いでは、正しく箸が持てているかが観られます。男子がおはじき、女子がピンポン玉と、つかむものの大きさに違いはありますが、どちらも滑りやすいものなので、練習が必要かもしれません。

【おすすめ問題集】
面接テスト問題集、小学校の入試面接Ｑ＆Ａ、新口頭試問・個別テスト問題集

問題25　分野：運動

〈解答〉　省略

①は男子、②は女子が行う課題です。両方の課題に共通するのは、まず指示をしっかり聞くということと、その指示に従って行動するということです。もちろん、終わった後静かに座って待っていられるか、なども評価の対象になりますので注意しましょう。①の課題はグループ活動なので、積極性と協調性が観点です。自分だけがボールを投げるのではなく、順番にみんなで行えるような協調性と積極性を見せましょう。②の課題は協調性が観点です。自分のことばかりではなく、他人のことにも気を配りましょう。

【おすすめ問題集】
新運動テスト問題集、Ｊｒ・ウォッチャー28「運動」、29「行動観察」

問題26　分野：複合（行動観察・制作）

〈解 答〉　省略

グループで何かを作る課題も協調性が観点です。上手に制作できるかはさほど問題ではありません。指示をよく聞き、それに従い行動することはもちろんですが、それ以上に協調性がカギになってくるということです。自分勝手に進めるのではなく、他の子とよく話し合い、自分の意見をしっかり伝えるとともに、人の意見もしっかり聞くようにしましょう。自分の意見を押し通すあまり、ほかの子を仲間外れにしてはいけません。日々の生活で、協調性や他者を尊重するマナーを身につけるようにさせることです。

【おすすめ問題集】
　Ｊｒ・ウォッチャー29「行動観察」

問題27　分野：巧緻性（塗る）

〈解 答〉　省略

まず、どの部分を塗らなければいけないのかを、お子さまは理解できたでしょうか。「１番中にある線からはみ出さいように」ということは、真ん中の１番小さな形を塗ればよいということです。巧緻性の問題ではありますが、指示の内容を理解できているかどうかも問われています。いくら上手に色が塗れていたとしても、塗る場所が違っていたら評価はされません。このように、色を塗るというシンプルな課題だったとしても、出題の仕方によって問題が難しくなることがあります。しっかりと問題を最後まで聞いて、理解してから問題に取り組むようにしましょう。指示（話）を聞いていないというのは、小学校受験では大きなマイナス要素になってしまいます。

【おすすめ問題集】
　実践 ゆびさきトレーニング①・②・③、
　Ｊｒ・ウォッチャー23「切る・貼る・塗る」

問題28　分野：言語（しりとり）

〈解 答〉　①右下（竹馬）　②右上（ナス）　③左上（黒板）　④右下（そば）

本問のようにしりとりの始まりが示されておらず、つながらない絵も入っているので、お子さまにとっては少し難しく感じるかもしれません。どこから始めるか悩んでいるうちに、時間がなくなってしまうということがよくあります。そんな時は、どの絵からでもよいので、まず始めて、試行錯誤しながらつなげていくというのも１つの方法です。もちろん、全体の絵を見て最初から順番につなげていく方法でも構いません。お子さまのやりやすい方法を見つけてあげてください。問題が理解できたらすぐに取りかかれるように、解き方の「型」を持てるとスムーズに解けるようになります。こうした、問題の解き方も大事ですが、それ以前に年齢相応の語彙がなければ、正解することはできません。まずは、そうした基礎をしっかりと養っていきましょう。

【おすすめ問題集】

Ｊｒ・ウォッチャー17「言葉の音遊び」、18「いろいろな言葉」、
49「しりとり」、60「言葉の音（おん）」

問題29　分野：図形（模写・座標）

〈解 答〉　省略

当校では、例年、模写が出題されているのでしっかりと対策をとるようにしてください。とはいえ、それほど複雑な形というわけではないので、基礎的な学習をしっかり行っていけば充分に対応できる問題です。本問で扱われている座標は、図形分野の基礎となります。回転図形や対称図形などの問題に発展していく中で、位置の把握がしっかりできていないと、ますます理解できなくなってしまいます。座標は、図形分野の中で、あまり目立つことはありませんが、こうした基本をおろそかにせず、きちんと理解して次のステップに進むようにしてください。逆に言えば、座標さえできていれば、図形の基礎は身に付いているといっても過言ではありません。

【おすすめ問題集】

Ｊｒ・ウォッチャー２「座標」

問題30　分野：図形（合成）

〈解答〉　下図参照

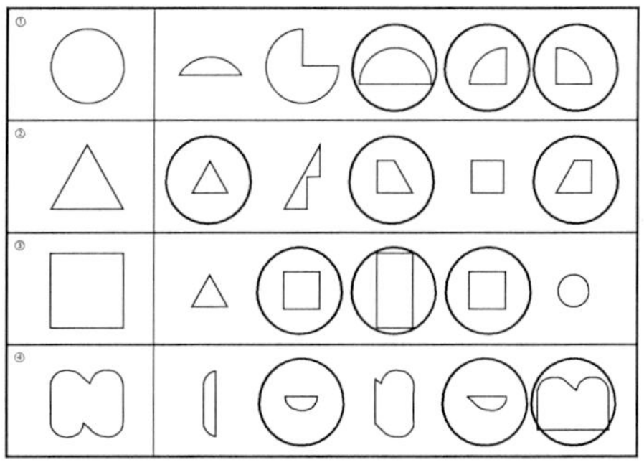

「３つ選んで」という指示をしっかり聞いていたでしょうか。①では、左から２番目と右端の２つで左の形を作ることができます。ですが、それでは不正解です。学習を重ねていくうちに、お子さまは解答用紙を見て「こういう問題だな」と予測ができるようになります。それは悪いことではないのですが、本問のように指示があったりするので、問題文を最後まで聞くということを徹底してください。こうしたパズルの問題は、ペーパーではなく、実際に動かしながら考えることが基本になります。問題集を切り取って、頭の中ではなく、目で見て手を動かすことで、図形を動かす感覚が身に付きます。そうした経験を積み重ねると、問題集などに描かれている図形を頭の中で動かすことができるようになるのです。ペーパーだけでなく、具体物を使って考えるという経験を大切にしてください。

【おすすめ問題集】

Ｊｒ・ウォッチャー３「パズル」、９「合成」、54「図形の構成」

問題31　分野：推理（シーソー）

〈解答〉　①△：２　②△：１　③△：３　④△：１

本文を解くためには、一対多の対応や置き換えの考え方を理解しておく必要があります。このどちらを使っても解くことができます。①を例にすると、見本は○１つに対し△２つで釣り合っているので、○３つは△６つになるという考え方が一対多の対応で、左の○３つを△６つに置き換えるというのが置き換えの考え方です。このように、解き方（考え方）は１つだけとは限りません。どちらの解き方が正しいということはなく、正解にたどり着くまでの過程が異なるというだけなのです。また、正解を書く際に、下の△に色を塗るのではなく、○をつけてしまったお子さまもいたのではないでしょうか。当校は、問題を最後まで聞いていないと間違えやすい、ちょっとしたひねりを加えた問題が見受けられます。基本的なことですが、問題を最後までよく聞くように心がけましょう。

【おすすめ問題集】

Ｊｒ・ウォッチャー33「シーソー」、42「一対多の対応」、57「置き換え」

問題32　分野：図形（回転図形・模写）

〈解 答〉　下図参照

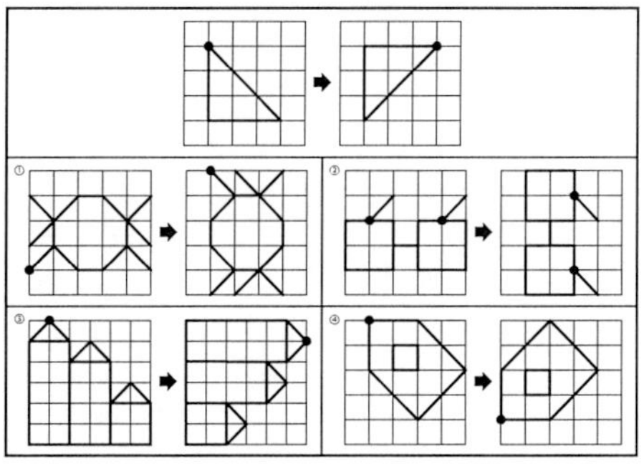

見本は示されていますが、それでも何を問われているのかがわからないお子さまもいるかもしれません。ひと言で言えば、回転図形の問題です。ただ、出題の仕方が独特なので、回転図形の問題とわかるかどうかがポイントになるでしょう。その上、回転図形とわかったとしても、回転した形を模写しなくてはいけません。そう考えると非常に難しい問題です。観察力、思考力、集中力などさまざまな力が必要になります。解答用紙を傾けながら解けば正解できるかもしれませんが、その方法では解答時間が足りなくなってしまうでしょう。そういう意味ではスピードも問われることになります。方眼紙さえあれば、簡単に問題を作ることができます。保護者の方がお子さまの理解度に合わせて問題を作ってあげてみてください。

【おすすめ問題集】

Ｊｒ・ウォッチャー46「回転図形」、51「運筆①」、52「運筆②」

問題33　分野：常識（理科）

〈解 答〉　①右から２番目　②左から２番目　③左端　④左端
⑤右から２番目　⑥右端　⑦右から２番目　⑧左から２番目

くだものや野菜の断面図は、以前に比べれば出題は少なくなりましたが、今でも時折出題されることがあるので、しっかり対応できるようにしておきましょう。こうした問題は、ペーパー学習で学ぶのではなく、生活の中で身に付けるようにしたいものです。実際にくだものや野菜を切ったものを目にするのと、問題集などで見るのとでは記憶の定着も違います。どんな切り口なのかを想像し、実際に目にすることは、ペーパー学習では得られない経験です。それに加え、触ったり、匂いを感じたり、食べたりすることで、より多くの情報を得ることができます。名前や形を知ることだけが知識ではありません。入試に直接関係ないことかもしれませんが、実際に触ったり、感じたりすることは、大切な経験になるのです。

【おすすめ問題集】

Ｊｒ・ウォッチャー12「日常生活」、27「理科」、55「理科②」

問題34　分野：制作（切る、塗る）

〈解 答〉　省略

基本的な巧緻性の問題です。指示は、「線に沿って切る」「上の線からはみ出さないように切る」という２点だけです。アドバイスをするとすれば、切る時にはハサミを動かすのではなく、紙を動かすようにするということです。ハサミは動かさずまっすぐにして、左手を使って、線の上にハサミの刃が来るように紙を動かすようにしましょう。上手に切れていないと感じるようでしたら、ハサミが使えていないのではなく、左手が上手く使えていないのかもしれません。お子さまを注意して見てあげるようにしてください。自由画は、名前の通り自由に描いてよいので細かなことを言わず、のびのびと描かせてあげてください。悪いところを見つけるのではなく、よいところを褒めるようにしてあげましょう。

【おすすめ問題集】
Ｊｒ・ウォッチャー22「想像画」、23「切る・貼る・塗る」、24「絵画」

問題35　分野：口頭試問

〈解 答〉　省略

難しい質問や難しい課題ではないので、落ち着いて対応できれば問題ないでしょう。こうした当たり障りのない質問の場合は、どんな回答をするのかではなく、答える時を含めた態度や取り組む姿勢を観ています。気を付けるとすれば、最初の質問ではなく、「それはどうしてですか」という質問の方でしょう。答えの根拠を聞かれているので、「○○だから××です」というように、論理的に答えなければなりません。「折り紙で何を折るのが好きですか」→「それでは、今言った折り紙を折ってください」のように、折り紙の課題でも同じような形で質問が重ねられます。当校では、こうした根拠を求められるので、しっかりと考えて答える必要があります。

【おすすめ問題集】
新口頭試問・個別テスト問題集、新ノンペーパーテスト問題集、面接テスト問題集

問題36　分野：行動観察（運動）

〈解 答〉　省略

難しい課題はありません。小学校入試でよく見かける運動課題がほとんどです。④の階段ゲームはあまり見かけない課題ですが、４拍子で踏み台を登り降りするというものなのではじめてだったとしても戸惑うようなものではないでしょう。誰にでもできる課題ということは、課題以外の部分が観られているということでもあります。課題ができたかどうかではなく、取り組む姿勢や待っている時の態度などが重要になってきます。実際、試験の時には、課題が終わるたびに「終わったら元のところに戻って座ってください」という指示があったようです。こうした指示を守ることはもちろんですが、指示がなくても周りに迷惑をかけるような行動をしないようにしましょう。

【おすすめ問題集】

新運動テスト問題集、Ｊｒ・ウォッチャー28「運動」

問題37　分野：行動観察（自由遊び）

〈解 答〉　省略

行動観察では、集団の中でどのように振る舞うかが観られます。自由に遊びつつも、他者を尊重し、マナーを守るようにしてください。まずは、日常の遊びの中で、おもちゃを独占したり、ほかの子が遊んでいるものを取り上げたり、ほかの子を仲間外れにしたりすることはいけないことだと理解させましょう。そして、子どもが多く集まる公園などで遊ばせ、協調性や気配りなどを、子どもなりの「社会」で学ばせてください。自分から仲間に入っていける積極性、お友だちの輪に入れずにいる子に声をかける配慮、みんなで楽しく遊ぶために工夫する姿勢などを身に付けることができると、行動観察でも高い評価を得ることができるでしょう。

【おすすめ問題集】

Ｊｒ・ウォッチャー29「行動観察」

問題38　分野：お話の記憶

〈解答〉　①ヒマワリとスイカ　②右端　③左端　④右端（焼き魚）
⑤右から２番目（ゴボウ）　⑥○：３　⑦左から２番目（自転車）

お話の記憶は、2018年度より当校で新たに出題されるようになった分野です。2018年度との違いは、250字程度のお話２つから、600字程度のお話１つになったこと、お話の季節や常識について聞く問題が出されたことの２点があげられます。お話や質問の内容を見ても、2018年度よりも聞き取りの力が必要な問題になったと言えます。昨年の形式が次年度以降も続くかどうかはわかりませんが、本問と同レベルのお話に対応できるようになるためには、まず、聞き取りの力を伸ばすことが必要です。そのためには、ふだんからお話の読み聞かせを続けるのが１番でしょう。お話を聞き取ることにある程度慣れてきたら、お話を大きく２～３の場面に分けて、簡単な言葉でまとめる練習をします。例えば本問の場合、「さくらさんとお兄さんは海へいった」「お弁当を食べた後、砂山を作った」という感じです。このようにまとめられるようになってきたら、細かい描写もあわせて覚える練習に進みましょう。いきなり細かい部分まで全部覚えようとせず、少しずつ覚えられることを増やせるように、何度も繰り返し読み聞かせることが大切です。

【おすすめ問題集】
１話５分の読み聞かせお話集①・②、お話の記憶 初級編・中級編
Ｊｒ・ウォッチャー19「お話の記憶」

問題39　分野：常識（昔話）

〈解答〉　①左端、右から２番目　②左端、右端　③左端、右端
④左端、左から２番目　⑤左から２番目、右から２番目
⑥左から２番目、右端　⑦左端、右端

当校で例年出題されている常識分野の問題は、その出題範囲が広いことが特徴です。年齢相応の知識を身に付けることが、そのまま試験対策に直結しますので、日々の学習で学んだことの反復をしっかりとしておきましょう。本年度の題材となっている昔話は、桃太郎をはじめ、この年齢のお子さまには知っておいてほしいお話ばかりです。もし、お子さまが知らないお話があったら、読み聞かせて補うようにしておいてください。また、昔話を覚える際には、お話の流れ（登場人物、おもな出来事）とあわせて、そのお話を代表するものや場面を知ることがポイントになります。例えば、浦島太郎ならば玉手箱を開ける場面と竜宮城へ行く場面などです。お話を把握するための確認は、ほかの分野の学習の合間やちょっとした空き時間に、「桃太郎ってどんなお話？」と聞けば、お子さまがどれぐらいのお話を知っているかがわかります。こまめに繰り返してください。

【おすすめ問題集】
NEWウォッチャーズ　国立小学校入試セレクト問題集　常識編①②

問題40　分野：推理（ひもの数）

〈解 答〉　①左から２番目　②左端　③右端　④右端　⑤右から２番目
⑥左から２番目　⑦右から２番目　⑧左端　⑨左端　⑩右端

ひもをハサミで切った時、ひもが何本に分かれるのかを考えます。観察力と思考力が観点となっている推理分野の問題です。①の絵を見ると、１箇所だけ切ったひもは２本に分かれ、２箇所で切ったひもは３本に分かれています。この結果を見て、ハサミで切った場所の数よりも、ひもの数は１本多くなることに気が付けば、ほかの問題も切った箇所が多いものを選べばよいとわかります。推理分野の問題では、本問のように絵を観察して、そこで得たことをもとに気付くことが大切です。ふだんの練習でも、お子さまが絵を見て気が付いたことを、聞き取るようにするとよいでしょう。お子さまは的外れな推測をすることもあるでしょうが、次第によい着眼をするようになってきます。

【おすすめ問題集】
Ｊｒ・ウォッチャー31「推理思考」

問題41　分野：図形（図形の構成）

〈解 答〉　①左から２番目　②左端　③左から２番目　④右端　⑤右から２番目
⑥右から２番目　⑦右端　⑧左端　⑨左端　⑩左端

図形を線の集まりと考え、その形を構成する線を見つける問題です。この問題では、左側にある線の数と長さがヒントになっています。例えば①の場合、長い線が２本と短い線が１本あるので、２種類の線が組み合わされた図形、３本の線でできている図形を探します。線の種類が多い時は、同じ長さの線が何本ずつ使われているのかを確認するとわかりやすくなります。図形分野の問題では、実際に線を描いたり、具体物を使ったりすることが形を把握する上で効果的と言われます。本問も、短い棒を何本か並べてみると、形がわかりやすいでしょう。もっとも、実際の試験の場では、頭の中に図形を思い浮かべて操作しなければいけませんが、具体物を使った学習は、ペーパー以前の学習として大きな役割を果たします。

【おすすめ問題集】
Ｊｒ・ウォッチャー３「パズル」、54「図形の構成」

京都教育大学附属京都小中学校　専用注文書

年　月　日

合格のための問題集ベスト・セレクション

＊入試頻出分野ベスト３

1st　図　形

観察力　思考力　集中力

2nd　推　理

思考力　観察力

3rd　常　識

知識　公衆

ペーパー、制作、口頭試問、運動、行動観察とさまざまな形での課題があります。ペーパーテストでは、図形、推理を中心に思考力を問われる問題が多く見られ、時折、難問も見受けられます。

分野	書　名	価格(税込)	注文	分野	書　名	価格(税込)	注文
図形	Ｊｒ・ウォッチャー 2「座標」	1,650 円	冊	記憶	Ｊｒ・ウォッチャー 51「運筆①」	1,650 円	冊
常識	Ｊｒ・ウォッチャー 12「日常生活」	1,650 円	冊	記憶	Ｊｒ・ウォッチャー 52「運筆②」	1,650 円	冊
数量	Ｊｒ・ウォッチャー 14「数える」	1,650 円	冊	図形	Ｊｒ・ウォッチャー 54「図形の構成」	1,650 円	冊
言語	Ｊｒ・ウォッチャー 18「いろいろな言葉」	1,650 円	冊	常識	Ｊｒ・ウォッチャー 55「理科②」	1,650 円	冊
記憶	Ｊｒ・ウォッチャー 19「お話の記憶」	1,650 円	冊	推理	Ｊｒ・ウォッチャー 57「置き換え」	1,650 円	冊
巧緻性	Ｊｒ・ウォッチャー 23「切る・貼る・塗る」	1,650 円	冊		実践 ゆびさきトレーニング①・②・③	2,750 円	各　冊
常識	Ｊｒ・ウォッチャー 27「理科」	1,650 円	冊		新口頭試問・個別テスト問題集	2,750 円	冊
観察	Ｊｒ・ウォッチャー 28「運動」	1,650 円	冊		新ノンペーパーテスト問題集	2,860 円	冊
観察	Ｊｒ・ウォッチャー 29「行動観察」	1,650 円	冊		新運動テスト問題集	2,420 円	冊
推理	Ｊｒ・ウォッチャー 31「推理思考」	1,650 円	冊		１話５分の読み聞かせお話集①②	1,980 円	各　冊
常識	Ｊｒ・ウォッチャー 34「季節」	1,650 円	冊		お話の記憶　初級編	2,860 円	冊
図形	Ｊｒ・ウォッチャー 46「回転図形」	1,650 円	冊		お話の記憶　中級編・上級編	2,200 円	各　冊
図形	Ｊｒ・ウォッチャー 47「座標の移動」	1,650 円	冊		面接テスト問題集	2,200 円	冊
言語	Ｊｒ・ウォッチャー 49「しりとり」	1,650 円	冊		新小学校受験の入試面接Ｑ＆Ａ	2,860 円	冊

合計	冊	円

(フリガナ) 氏　名	電　話 ＦＡＸ E-mail
住 所　〒　　　－	以前にご注文されたことはございますか。 有　・　無

★お近くの書店、または記載の電話・FAX・ホームページにてご注文をお受けしております。
　電話：03-5261-8951　FAX：03-5261-8953　代金は書籍合計金額＋送料がかかります。
　※なお、落丁・乱丁以外の理由による商品の返品・交換には応じかねます。
★ご記入頂いた個人に関する情報は、当社にて厳重に管理致します。なお、ご購入の商品発送の他に、当社発行の書籍案内、書籍に関する調査に使用させて頂く場合がございますので、予めご了承ください。

日本学習図書株式会社
http://www.nichigaku.jp

家庭学習をトータルサポート！ ニチガクのオリジナル 効果的 学習法

1 まずは アドバイスページを読む！

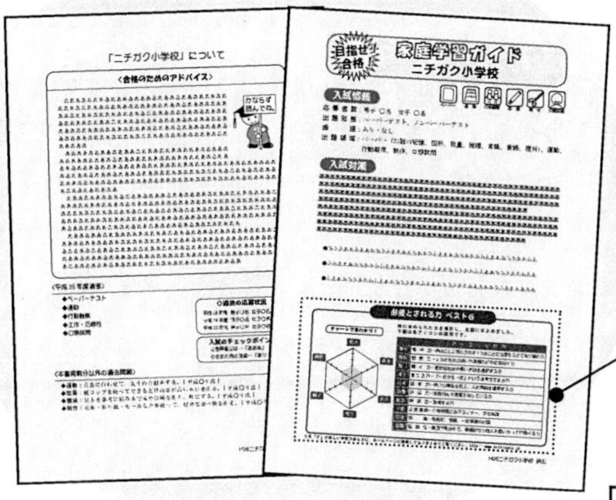

ピンク色です

対策や試験ポイントがぎっしりつまった「家庭学習ガイド」。分析内容やレーダーチャート、分野アイコンで、試験の傾向をおさえよう！

2 問題をすべて読み、出題傾向を把握する

3 「学習のポイント」で学校側の観点や問題の解説を熟読

4 はじめて過去問題にチャレンジ！

5 プラスα 対策問題集や類題で力を付ける

過去問のこだわり

各問題に求められる「力」

分野だけでなく、各問題の求められる「力」をアイコンで表記！アドバイスページの分析レーダーチャートで力のバランスも把握できる！

各問題のジャンル

問題1 分野：数量（計数） 集中 観察

〈準備〉 クレヨン

〈問題〉 ①虫がたくさんいます。それぞれの虫は何匹いますか。下のそれぞれの絵の右側に、その数だけ緑色のクレヨンで○を書いてください。
②果物が並んでいます。それぞれの果物はいくつありますか。下のそれぞれの絵の右側に、その数だけ赤色のクレヨンで○を書いてください。

〈時間〉 1分

〈解答〉 ①アメンボ…5、カブトムシ…8、カマキリ…11、コオロギ…9
②ブドウ…6、イチゴ…10、バナナ…8、リンゴ…5

［2017年度出題］

出題年度

学習のポイント

①は男子、②は女子で出題されました。1次試験のペーパーテストは、全体的にオーソドックスな内容で、特別に難易度が高い問題ではありません。しかし、解答時間が短く、解き終わらない受験者も多かったようです。本問のような計数問題では、特に根気よく、数え落としがないように進めなければなりません。そのためにも、例えば、左上の虫から右に見ていく、もしくは縦に見ていく、というように、ルールを決めて数えていくこと、また、○や×、△などの印を虫ごとに付けていくことで、数え落としのミスを減らせます。時間は短いため焦りがつきものですが、落ち着いて取り組めるよう、少しずつ練習していきましょう。

【おすすめ問題集】
Ｊｒ・ウォッチャー14「数える」、37「選んで数える」

学習のポイント

各問題の解説や学校の観点、指導のポイントなどを教えます。
今日から保護者の方が家庭学習の先生に！

おすすめ対策問題集

分野ごとに対策問題集をご紹介。苦手分野の克服に最適です！
＊専門注文書付き。

2023年度版 京都府版 国立小学校 過去問題集

発行日 2022年12月9日
発行所 〒162-0821 東京都新宿区津久戸町 3-11
TH1ビル飯田橋 9F
日本学習図書株式会社
電 話 03-5261-8951 ㈹

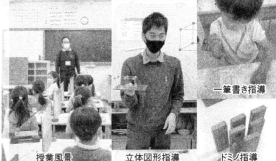

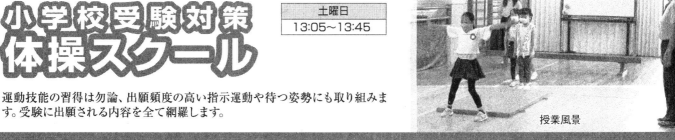

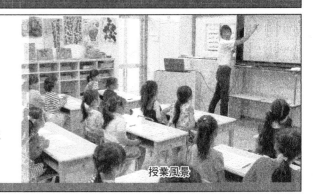

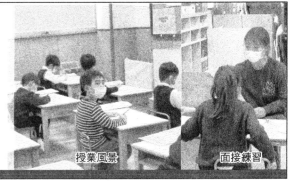